공감필법

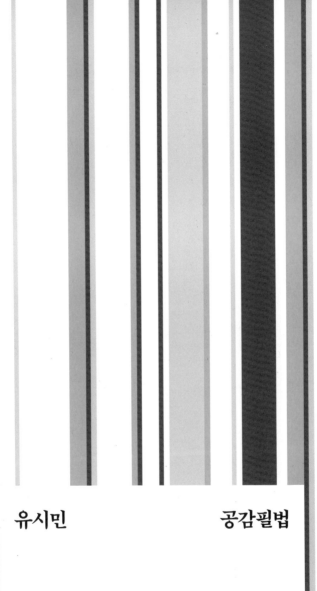

유시민　　　　공감필법

창비
Changbi Publishers

이 책은 『창작과비평』 창간 50주년 기념 '공부의 시대' 연속특강에서 했던 강연과 질의응답을 간추리고 보충해서 만들었습니다. 저는 네번째 강연자로 2016년 1월 28일 서울 마포구 서교동에 있는 출판사 창비의 새 사옥에서 강연했습니다. 그렇지만 단순한 강연 녹취록은 아닙니다. 강연에서 다루지 않았던 내용을 많이 넣었고 질의응답도 현장에서 다루지 못했던 것을 여럿 보탰습니다. 아무래도 그 경위를 말씀드려야 할 것 같습니다.

강연을 할 당시에는 큰 부담감을 느끼지 않았습니다. 질의응답 포함해서 두 시간 강연이었고 여러 강연을 책 한권으로 묶는다고 들었거든요. 다른 훌륭한 선생님들 강연에 묻어갈 수 있을 것이라 생각했습니다. 편하게 평소 강연에서 즐겨 소개하는 책들의 텍스트를 활용해서 강연했죠. 그런데 출판사가 계획을 바꾸어 모든 강연을 따로따로 책으로 만든다는 겁니다. 난처한 일이 아닐 수 없었습니다. 단행본으로 내기에는 강연 내용이 충분하지 않았을 뿐만 아니라 제가 쓴 다른 책과 겹치는 내용이 많았기 때문입니다.

강연을 들으신 분이 책을 본다면 유발 하라리의 『사피엔스』와 신영복 선생의 『담론』에서 가져온 이야기는 강연 때 전혀 다루지 않았다는 사실을 금방 아시게 될 겁니다. 칼 쎄이건의 『코스모스』는 인용문이 달라졌습니다. 본문 마지막에 어휘를 늘리고 메모 습관을 기르는 방법을 이야기했는데, 이것도 강연에서는 스치듯 지나쳤던 것입니다.

강연을 다니다보면 종종 제가 쓴 책을 다 읽었다는 독자를 만납니다. 그야말로 무서운 독자들이죠. 저는 미리 꼬리를 내리면서 말합니다. "제가 바닥이 찰랑찰랑하죠? 중복되는 이야기가 많죠?" 그러면 그분들은 고개를 끄덕이면서 격려해줍니다. "그래도 괜찮아요. 좋은 책 앞으로도 많이 써주세요." 『청춘의 독서』 『후불제 민주주의』 『어떻게 살 것인가』 『유시민의 글쓰기 특강』 『표현의 기술』을 읽은 독자라면 이 책에서 기시감을 느낄 수 있을 겁니다. 중복을 피하려고 노력했지만 독서와 글쓰기를 다루는 강연이라 한계가 있었습니다. 너그러운 양해를 청합니다.

강연 제목은 '공부와 글쓰기'였는데, 책 제목은 '공감필법 (共感筆法)'으로 했습니다. 사실은 제목을 정하기가 쉽지 않았습니다. 공부를 중심으로 독서와 글쓰기를 결합한 강연이라 초점을 하나에 맞추기가 어려웠기 때문이지요. 결국 제가 고집을 피워서 '공감필법'으로 했습니다. 정말 훌륭한 글은 많은 독자가 깊게 공감할 수 있는 글이라고, 인간과 우주에 대해서 제대로 공부한 사람이라야 그런 글을 쓸 수 있다고 믿기에 그렇게 했습니다.

제목을 이렇게 정한 다음에 원고를 다시 손봤습니다. 제가 힘주어 말하고 싶었던 것은 단순합니다. 요약해보면 이런 것이죠. '책을 읽을 때는 글쓴이가 텍스트에 담아둔 생각과 감정을 있는 그대로 보고 느껴야 한다. 그래야 독서가 풍부한 간접 체험이 될 수 있다. 간접 체험을 제대로 해야 책 읽기가 공부가 된다. 그리고 남이 쓴 글에 깊게 감정을 이입할 줄 아는 사람이라야 가상의 독자에게 감정을 이입하면서 글을 쓸 수 있다. 자기 생각과 감정 가운데 타인의 공감을 받을만한 것을 골라낼 수 있고, 그것을 공감을 얻을 수 있는 방식으로 쓰게 된다.'

우리 시대의 훌륭한 지식인들과 함께 강연할 기회를 주신

창비의 여러 선생님들에게 감사드리며, 독자들이 책과 더불어
스스로 의미있다고 여기는 삶을 누리기를 응원합니다.

자유인의 서재에서

유시민

독서, 공부, 글쓰기

정체성: 유발 하라리의 『사피엔스』

감정: 칼 쎄이건의 『코스모스』

공감: 신영복과 창신꼬마 이야기

태도: 굴원의 「어부사」

격려: 『맹자』와 유한계급론

어휘: 건축자재가 없으면 집도 없다

하루 한 문장, 말하는 것처럼

공감필법

독서,

공부,

글쓰기

이 책의 주제는 '공부와 글쓰기'입니다. 그런데 제가 이런 이야기를 해도 괜찮은지 모르겠습니다. 직업으로 글을 쓰는 사람이니까, 글 쓰는 사람은 늘 공부를 해야 하니까, '공부'라든가 '글쓰기'에 관해서 나름 의미있다고 여기는 것을 말할 수는 있지 않을까 하는 마음으로 시작하려 합니다. 좀 신통치 않더라도 너그럽게 봐주시기 바랍니다.

제가 글쓰기를 업으로 삼고 있기는 하지만 공부를 제대로 한 사람은 아닙니다. 널리 통용되는 기준으로 보면 한 우물을 깊게 파고, 그래서 어떤 전공분야의 박사학위 정도는 가져야 공부한 사람으로 인정하지요. 저는 그런 게 없습니다. 학위는 없어도 어떤 분야를 혼자서 오래 파고들기라도 했다면 좋았겠지만, 살다보니 그렇게 되지 않더군요. 저는 발길 닿는 대로 방랑하는 나그네처럼, 그때그때 관심에 따라 이것저것 손 가는 대로 책을 읽고 글을 썼을 뿐입니다. 문장도 뭐, 솔직히 말해서 개성이 뚜렷하거나 아름답다고 하기 어렵습니다.

그래서 아주 소박한 자세로, 큰 욕심 부리지 않으려 합니다. 책 읽기와 공부와 글쓰기에 대해서 내가 가진 생각과 경험을 이야기한다면 같은 시대를 살아가는 사람들한테 참고는 될 수 있겠지, 그런 정도를 기대합니다. 사실 독서와 글쓰기는 여러 공부 방법 가운데 하나일 뿐입니다. 그렇지만 그냥 하나의 공부 방법이 아니라 가장 좋은 공부 방법이라고 생각해요. 어떤 식으로 책을 읽으며, 어디에 중점을 두고 글을 쓰는지 개인적인 경험과 생각을 말씀드려볼까 합니다.

설마하니 학술논문이나 문학작품을 쓰는 데 참고하려고 이 책을 읽는 분은 없겠죠? 직장이나 가정에서, 또는 취미활동을 하면서 말이 아니라 글로 생각과 감정을 표현하거나 정보를 교환해야 하는 분들이 관심을 가지리라 짐작합니다. 그러니 직업으로 글을 쓰는 사람이 아니라 카톡이나 페이스북에 짧은 글을 올리거나 취미 삼아 블로그를 운영하는, 그런 평범한 시민들을 생각하면서 이야기하겠습니다. 그런 분들한테는 문장을 잘 쓰는 기술보다 감정과 생각을 문자 텍스트로 표현해서 타인과 교감하고 소통하는 능력이 중요합니다. 두서가 없더라도 그런 점을 감안해서 읽어주시기 바랍니다.

본론에 들어가기에 앞서, 글쟁이로서 출판사 창비에 대한 소회를 말하고 싶네요. 고맙고 미안합니다. 저는 대학 신입생 때 계간『창작과비평』독자가 되었습니다. 헤아려보니 일제 강점 기간보다 더 긴 세월이 흘렀군요. 어렸을 때는 '일제 36년'이 아득하게 긴 시간이라고 생각했는데, 살아보니 꼭 그런 것만은 아니었어요. 계간『창작과비평』은 저에게 글을 읽고 자기 머리로 생각하는 방법을 익히도록 격려해준 선생님이나 마찬가지였습니다. 게다가 저는 계간『창작과비평』1988년 여름호에 '신인추천'을 받아 단편소설을 하나 발표한 적이 있습니다. 소위 '등단'을 한 것이죠. 소설 한편 발표한 것만으로도 소설가를 참칭할 수 있다면, 저도 소설가입니다. 우습죠?

그 무렵 경찰 수배를 피해 자취방에 숨어 지내면서 열편 정도의 연작소설을 구상했더랬습니다. 첫 번째 꼭지를 써서 원고를 들고 창비 편집부에 있는 선배를 찾아가 괜찮으면 실어달라고 부탁드렸습니다. 등단하려면 적어도 열편 정도는 써두고 제일 나은 것을 하나 내보여야 한다는 걸 그때는 몰랐습니다. 물론 계속해서 쓰려고 하긴 했어요. 그런데 '빵잽이 청년'에서 국회의원으로 급변신한 선배가 월급도 주고 경찰 수배도 풀어

줄 테니 보좌관을 하라고 꼬드기더군요. 그 꼬임에 넘어가는 바람에 소설을 더는 쓰지 못했습니다. 참여정부 때 국무총리를 지냈고 7선 의원과 민주당 대표를 지낸 이해찬 형이었습니다.

신인추천으로 등단시켜준 창비의 여러 선생님들에게 죄를 지은 기분이 들어서 그때부터 창비 사옥 근처에는 얼씬도 하지 않았습니다. 다시 소설을 쓰면 그때 원고를 들고 가야지, 그렇게 마음먹었죠. 그런데 오늘 강연을 핑계 삼아 빈손으로 들어왔습니다. 죄송합니다. 아직 소설 쓰고 싶은 마음을 완전히 버리지는 않았습니다. 너그럽게 살펴주십시오.

공부, 독서, 그리고 글쓰기. 이게 이 책에서 나눌 이야기의 열쇠말입니다. 먼저, 공부가 뭘까요? '인간과 사회와 생명과 우주를 이해함으로써 삶의 의미를 찾는 작업'입니다. 이것이 제가 생각하는 공부의 개념이에요. 특별한 설명을 하지 않고 '공부'라는 말을 쓰면 그런 뜻으로 이해해주십시오. 독서는 공부하는 여러 방법 중에서 효과가 특별히 빠르고 확실한 방법입니다. 책에는 글쓴이가 파악한 인간과 세계의 본질, 그 사람이 찾은 삶의 의미와 살아가면서 느낀 감정이 들어 있습니다. 우리는 책에서 글쓴이의 생각과 감정을 읽고 이해하며, 공감을 느끼거나 반박하고 싶은 욕구를 느낍니다.

자기 자신과 세상과 우주에 대해서 무엇인가 새로 알게 되거나, 삶에 대해서 특별한 의미를 발견하거나 어떤 강력한 감정에 사로잡히는 경우, 우리는 그 모든 것을 표현하고 싶은 욕구를 느낍니다. 글쓰기는 '생각과 감정을 문자로 표현하는 행위'입니다. 감정은 쉼없이 생겼다 스러지고, 생각은 잠시도 그대로 머물지 않습니다. 글로 적어 붙잡아두지 않으면 그게 무엇인지 알 수 없게 됩니다. 언어는 단순히 생각과 감정을 표현하는 수단이 아닙니다. 무엇인가 생각하고 느끼려면 언어를 알아야 합니다. 말과 글의 도움을 받지 않는다면 우리는 자신의 생각과 감정이 무엇인지 스스로 정확하게 인지하지도 못하니까요. 감정과 생각은 언어로 표현해야 비로소 내 것이 될 수 있어요.

공부는 결국 독서와 글쓰기를 이어나가는 과정입니다. 물론 독서와 글쓰기가 공부의 전부라는 건 아니에요. 직접 경험이나 영화 같은 다른 미디어를 통해서도 우리는 무엇인가 배우고 깨닫고 느낍니다. 문자뿐만 아니라 그림, 영화, 노래를 비롯해 다른 방법으로도 생각과 감정을 표현합니다. 그렇지만 공부 방법으로 따지면 책을 읽고 글을 쓰는 것보다 나은 게 없어요. 이렇게 보면 시민들이 책을 읽지 않는다는 건 큰 걱정거리가 됩니다. 최근 나온 대한민국 국민의 독서 실태조사 결과를 보니 성인 열 명 중 여섯 사람은 일 년에 책을 한권도 읽지 않는다고 하는군요. 공부를 아예 안 하는 것은 아닐 것이다, 책 말고 다른 것으로 공부를 하고 있을 것이다, 그렇게 믿어야 마음이 덜 불편하겠죠?

　　말이 되는지는 모르겠지만, 저는 독서와 글쓰기와 공부의 관계를 이런 식으로 이해하면서 즐겨 읽고 끊임없이 쓰려고 노력합니다. 잠자리에 들 때마다, 내가 오늘 의미있는 하루를 살았는지 점검하면서 말입니다.

정체성:

유발 하라리의

『사피엔스』

추상적인 이야기라 재미가 적죠? 한 발짝만 진도를 나가
서, 제가 어떤 식으로 책을 읽는지 구체적으로 말씀드려보겠습
니다. 저는 지식과 정보를 얻는 것보다는 글쓴이의 생각과 감
정을 텍스트에 담긴 그대로 이해하는 데 초점을 두고 책을 읽
습니다. 그렇게 하려면 무엇보다도 글쓴이와 심리적으로 거리
를 두지 말아야 해요. 텍스트는 비판적으로 읽어야 한다는 말,
들어보셨죠? 옳은 말이지만 잘못 해석하면 공부에 방해가 됩
니다. 텍스트를 제대로 비판하려면 먼저 정확하게 독해를 해야
하거든요. 비판해야 한다는 강박에 사로잡히면 텍스트에 몰입
하지 못해서 독해를 옳게 할 수 없습니다.

최근 크게 공감하면서 흥미진진하게 읽은 책이 있습니다.
역사학자 유발 하라리(Yuval Harari)가 쓴 『사피엔스』입니다.
일부러 국적은 소개하지 않았습니다. 그는 자신을 유대인이나

유럽인이 아니라 인류의 일원으로 여기니까요. 읽으신 분은 이미 다 아시겠지만, 책 속표지에 저자가 손으로 쓴 문구가 하나 적혀 있습니다. "From one Sapiens to another." 어느 사피엔스가 다른 사피엔스에게, 그런 뜻입니다. 어떻습니까? 느낌이 오나요? 별 느낌이 없는 분이라면 책을 다 읽은 다음 다시 이 문구를 보시기 바랍니다. 독해를 제대로 했다면 그전에는 없었던 감정이 일어날 겁니다.

하라리 박사는 왜 '어떤 사람이 다른 사람에게'라고 쓰지 않고 '어떤 사피엔스가 다른 사피엔스에게'라 썼을까요? 인간은 오랜 세월 동안 자신을 다른 종과 분리해왔습니다. '인간은 만물의 영장' '인간이 아니라 짐승'과 같은 말이 바로 그런 사고방식의 표현이지요. 그러나 생물학자들은 현생인류를 여러 동물 종(種) 가운데 하나로 보아 '호모 사피엔스'라는 학명(學名)을 붙였습니다. 인류학자와 생물학자들의 연구 덕분에 우리는 오늘날 '호모 사피엔스'가 아닌 다른 종의 인간이 지구에 살았다는 것을 압니다. 호모 에렉투스니 네안데르탈인이니 하는 이름, 다들 아시죠?

굳이 '사람'이 아니라 '사피엔스'라는 단어를 쓴 것은 인간이 지구 행성에 존재하는 여러 종의 생물 가운데 하나에 불과

하며, 하라리 자신도 그 사피엔스라는 종의 한 개체에 불과하다는 점을 강조하기 위해서일 겁니다. 이것이 글쓴이의 의도입니다. 이런 생각은 논리적으로 얼마든지 비판할 수 있습니다. 인간은 어떤 면에서는 분명 특별한 종입니다. 또 우리의 실제 삶에 직접적이고 강력한 영향을 주는 것은 인류라는 가상의 공동체가 아니라 국민국가라는 정치조직입니다. 그렇지만 그렇게 비판하기 전에, 그걸 모를 리 없는 역사학자가 왜 인간 대신 사피엔스라는 말을 썼는지 들여다보려고 해야 합니다. 그래야 온전하게 『사피엔스』의 텍스트를 독해할 수 있으니까요.

'어떤 사피엔스가 다른 사피엔스에게'라는 말은 유발 하라리라는 사람의 자아 정체성을 보여줍니다. 그는 유대인이고 중세사를 연구해 박사학위를 받았으며 텔아비브 대학에서 학생을 가르칩니다. 그러나 이 책을 쓸 때 그는 다른 어떤 것보다 자신이 '호모 사피엔스의 일원'이라는 사실을 중시했습니다. '어느 사피엔스'의 눈으로 인류의 역사를 썼다는 말이지요. 『사피엔스』는 최근 역사학의 새로운 흐름으로 떠오른 '빅 히스토리'(big history) 또는 인류사 분야의 저작입니다. 저는 그가 유럽인들이 오스트레일리아와 남북 아메리카 대륙 원주민을 절멸시킨 과정을 아무런 감정적 동요 없이 서술한 대목을 읽으면서 적잖이 놀랐습니다. 무척 낯설어 보였거든요.

우리가 다 아는 유명한 책 속표지에 하라리 박사와 같은
방식으로 한마디씩 적어보겠습니다. 단재 신채호 선생의 『조
선상고사』에는 '어느 조선 사람이 다른 조선 사람에게', 요한
고틀리프 피히테(Johann Gottlieb Fichte)의 『독일 국민에게
고함』에는 '어느 독일인이 다른 독일인에게'가 어울릴 겁니다.
카를 맑스(Karl Marx)의 『공산당 선언』 속표지라면 '어느 공
산주의자가 다른 공산주의자에게' 또는 '어느 프롤레타리아가
다른 프롤레타리아에게'라 써야겠지요.

여러분이 다 그런 것처럼 저도 여러 집단 또는 가상의 공
동체에 속한 사람입니다. 경주에서 태어났고 대구에서 어린 시
절을 보냈으니 '경상도 사람'입니다. 국적으로 보면 한국인이
고 대륙으로 나누면 아시아인에 포함됩니다. 동창회비를 낸 적
은 없지만 모교의 동창회원이고 사상적으로는 자유주의자이
며 호모 사피엔스의 일원입니다. 여기서 뭐가 제일 중요할까
요? 객관적으로 정할 방법은 없죠. 제가 중요하다고 여기면 그
게 중요한 겁니다. 하라리 박사도 저처럼 다양한 집단에 속할
수 있는 사람입니다. 그렇지만 『사피엔스』를 쓴 하라리 박사는
책 속표지에 자아 정체성을 호모 사피엔스라고 선언했습니다.

그렇게 인정하고 책을 읽어야겠죠?

그런데 그가 신채호, 피히테, 맑스와 달리 자아 정체성을 '호모 사피엔스'로 규정한 것은 무엇 때문이었을까요? 사는 시대와 환경이 다른 탓이기도 하지만, 읽은 책이 달랐고 인간과 우주를 이해하는 데 활용한 정보가 달랐던 것이 더 중요한 이유가 아닐까 생각합니다. 맑스, 피히테, 신채호의 시대에는 오늘날의 교양인이 다들 아는 천체물리학, 지질학, 생물학, 인류학, 유전학, 뇌과학 지식이 없었습니다. 그래서 인간과 자기 자신을 하라리 박사와는 다르게 이해했던 것이지요.

아래에 보실 문장은 『사피엔스』 1장에서 가져온 것인데, 백년 전에는 이런 지식을 가진 사람이 지구 어디에도 없었습니다. 자연 선택에 의한 진화이론으로 인간의 유래를 역사상 처음으로 말이 되게 설명하는 데 성공한 찰스 다윈(Charles Darwin)도 이런 것은 몰랐어요.

호모 사피엔스도 마찬가지로 하나의 과(科, family)에 속한다. 이 엄연한 사실은 역사에서 가장 은밀히 숨겨진 비밀이었다. 오랫동안 호모 사피엔스는 스스로를 다른 동물과 동떨어진 존재로, 속한 과가 없는 동물인 것처럼, 형제자매도 없고 사촌도 없고 가장 중요하게는 부모도 없는 동물인 것처럼 보려고 했다. 하지만 이것은 사실이 아니다. 좋든 싫든, 우리는 거대 영장류라는 크고 유달리 시끄러운 과의 일원이다. 현생 종들 중 우리와 가까운 친척으로는 침팬지, 고릴라, 오랑우탄이 있고, 가장 가까운 것은 침팬지다. 불과 6백만년 전 단 한마리의 암컷 유인원(꼬리 없는 원숭이)이 딸 둘을 낳았다. 이중 한마리는 모든 침팬지의 조상이, 다른 한마리는 우리 종의 할머니가 되었다.

이 견해는 인류의 기원 또는 생물학적 계보를 알려주는 단순한 지식이 아닙니다. 생물학자들은 서로 교미해서 자식을 낳을 수 있는 모든 개체들을 같은 종에 넣습니다. 피부색, 인종, 민족, 국적을 불문하고 지구에 사는 70억 호모 사피엔스는 모두 서로 교미해서 자식을 낳을 수 있죠. 시간을 거슬러 추적하면 모두가 같은 조상에게서 갈라져나온 형제자매라는 뜻입니다. 우리보다 먼저 지구에 나타났던 인간 종은 모두 호모 사피엔스에게 절멸당하거나 환경 변화에 적응하지 못해 사라졌습니다.

자신을 무엇보다도 한국인으로 인식하는 사람은 같은 한국인에 대해서 강력한 유대감을 느끼고 인종과 민족이 다른 사람에 대해서는 쉽게 적대감을 가집니다. 자신을 무엇보다 일본인으로 느끼는 사람도 마찬가지입니다. 그렇지만 자신을 호모 사피엔스의 일원으로 느끼는 사람이라면 피부색과 외모와 국적과 문화가 다른 사람들에 대해서 적대감을 덜 느끼거나 강한 유대감을 가지겠지요. 인류 전체에 대해서, 인류가 살아가는 터전인 지구와 자연에 대해서, 함께 살아가는 다른 종들에 대해서도 마찬가지고요.

『사피엔스』를 읽으면서 내가 하라리 박사와 같은 호모 사피엔스라는 사실이 기뻤습니다. 우주와 지구의 역사, 물질 세계의 운동법칙, 생명과 종 다양성의 발생 원리, 현생인류의 생물학적 특성을 밝혀준 물리학자, 생물학자, 고고학자, 인류학자, 뇌과학자, 유전학자, 생리학자들에게 감사 인사를 했습니다. 그분들이 애써 찾아낸 지식과 정보가 없었다면 저는 인간이 어디에서 와서 어디로 가며 우리 삶은 어떤 의미가 있는지 모른 채 살고 있을 것이니까요. 만약 그랬다면 누군가 '어느 사피엔스가 다른 사피엔스에게' 같이 괴상한 글을 책에 적을 수도 없었을 것이고, 제가 그걸 읽으며 공감을 느낄 리도 없었을 겁니다.

어떻습니까? 그런 것 같나요? 저는 뭐, 어떻든 상관없다고 생각합니다. 객관적으로 보면 우리의 삶에는 아무 의미가 없다고 믿으니까요. 우리 삶에는 우리 자신이 부여하는 것 말고는 다른 의미가 없다는 뜻입니다. 이상하게 들릴지 모르지만 사실 이상할 게 없어요. 모든 생명체가 그러하듯 호모 사피엔스도 태어나고, 성장하고, 자식을 낳거나 낳지 않거나 낳지 못하고, 늙고 병들고, 결국 죽습니다. 하루살이, 나비, 도마뱀, 들소, 산양, 고래나 같습니다. 여기에는 예외가 없어요. 우리 몸을 이루는 물질이 어느것도 사라지지 않고 우주로 돌아간다는 것도 같습니다.

우리가 탐하고 갈망하는 것들 가운데 어떤 것도 객관적으로 의미있는 건 아닙니다. 돈, 지식, 권력, 명예, 다른 모든 것들도 내가 의미를 부여해야 비로소 의미를 가지게 됩니다. 이런 생각을 하면서 스스로 자기 인생을 설계하고 의미있는 삶의 방법을 찾아나간다는 것을 빼면 호모 사피엔스는 다른 종과 다를 게 없어요. 저는 그렇게 믿으면서 오늘 하루의 삶에서 사피엔스의 일원인 나에게 중요한 의미를 가지는 것을 챙겨보고 또 다른 내일을 설계합니다. 우리가 서로 티격태격 싸우거나 죽일 듯 미워하는 이유가 대부분 지극히 사소한 문제라는 생각을 하면서요. 이렇게 세상과 사람과 인생을 대하는 관점과 태도가 조금 또는 크게 달라지는 순간을 체험할 때, 저는 공부가 참 좋다는 걸 실감합니다. 공부하지 않았다면 이런 생각과 감정을 가질 수 없었을 테니까요.

감정:
칼 쎄이건의
『코스모스』

지식을 배우고 정보를 얻는 것만 공부가 아닙니다. 타인의 감정을 들여다보고 공감하는 것도 공부입니다. 그런 의미의 공부를 하는 데 좋은 책을 하나 소개할까요? 다들 아시는 칼 쎄이건(Carl Sagan, 1934~96)의 『코스모스』입니다. 각주를 포함해서 무려 7백쪽이 넘는 책이라 부담스러울 수도 있지만, 읽어보면 아주 흥미진진하다는 걸 아시게 될 겁니다. 그 책 7장에서 가져왔는데, 제가 크게 공감했던 대목입니다.

나이가 어느 정도 들자, 부모님은 내게 처음으로 도서관 카드를 건네주셨다. 그 도서관은 85번가에 있었던 것 같다. 아, 그곳은 정녕 새로운 세계였다. 난 곧장 사서에게 달려가서 "스타들"(stars)에 관한 책을 빌려달라고 했다. 그녀는 클라크 게이블(Clark Gable), 진 할로(Jean Harlow)와 같은 남녀의 사진이 담긴 그림책을 가져왔다. 나는 그런 책이 아니라고 했다. (…) 그러자 그녀는 웃음을 짓고 다른 책을 하나 찾아다주었다. 내가 원했던 바로 그 책을 말이다. 내가 원하던 깊이 있는 답을 찾을 때까지 나는 숨을 죽이며 그 책을 읽어내려 갔다. 그 책에는 깜짝 놀랄 만한 내용들이 많았다. 참으로 장대한 세상에 관한 생각들로 가득했다.

저한테는 아주 짜릿했는데, 혹시 여러분도 이 문장을 보면 그런 느낌이 드시는지요? 뭐, 그렇지 않다고 해도 괜찮습니다. 감정은 사람 따라 다를 수 있으니까요. 이 대목이 왜 짜릿했는지 생각해보았는데요, 아마도 어떤 어린이가 독서의 즐거움 또는 공부의 쾌감을 난생처음 맛본 순간 느꼈던 감정이 생생하게 전해져왔기 때문일 겁니다. 여러분의 인생에도 이런 순간이 있었는지요? 기억하지 못한다고 할지라도, 분명 있기는 있었을 겁니다.

칼 쎄이건은 1980년대 세계에 널리 알려진 텔레비전 다큐멘터리 「코스모스」를 만든 '스타 과학자'였고 자연과학의 연구 성과를 대중에게 알리려고 노력한 작가였습니다. 지구 밖의 지적 생명체를 탐사하려는 미국 항공우주국의 사업에 자문

위원으로 참여했고, 핵겨울 이론을 발표해 핵전쟁이 지구 생명을 절멸시킬 위험에 대해 무서운 경고를 했습니다. 「콘택트」(Contact)라는 영화의 원작소설을 썼고, 논픽션 부문 퓰리처상을 받기도 했어요.

칼 어린이가 도서관에서 보았던 '스타들'에 관한 책, 거기 들어 있던 정보가 객관적으로 볼 때 그리 대단한 것이었을 리는 없죠. 그런데도 왜 이렇게 찬탄하는 어조로 그 순간을 회고한 걸까요? 그때 어렸던 그가 처음 알게 된 정보였기 때문이지요. 칼 쎄이건은 미국 뉴욕 시 브루클린의 벤슨허스트란 곳에서 태어나고 자랐습니다. 저는 미국을 잘 모릅니다만, 여기가 어떤 동네였는지는 책을 읽으면서 짐작할 수 있었습니다. 잘사는 동네는 절대 아니었어요. 칼 쎄이건이 동네 풍경을 묘사하면서 아파트, 비둘기집 상자, 현관 앞 계단, 공터, 느릅나무 같은 단어를 썼거든요.

칼 쎄이건은 브루클린에 살던 젊고 가난한 부부의 첫아이였습니다. 어머니 레이철은 우크라이나 출신 이민자의 딸이었고, 아버지 쌔뮤얼도 다섯 살에 우크라이나에서 건너온 이민자였습니다. 그러니 아이한테 책을 사주기 어려운 형편이었겠죠. 칼은 동네에서 몇 블록 너머, 자동차가 질주하고 고가철도가 지나가는 브루클린 86번가의 북쪽으로는 가본 적이 없었습니다. 그곳은 미지의 세계인 화성이나 마찬가지였던 것이죠.

어렸을 때, 또는 젊었을 때 저는 칼 쎄이건을 몰랐습니다. 천체물리학이나 화학은 지금도 잘 이해하지 못합니다. 이른바 문과생이라 과학 공부를 하지 않아서 그런 것이죠. 『코스모스』도 마흔 살에 처음 읽었어요. 그런 책이 있는지도 몰랐거든요. 2009년이 다윈 탄생 200주년인 동시에 『종의 기원』 출간 150주년이었는데, 우연히 서점에 들렀다가 과학 교양서가 베스트셀러 상위권을 차지하고 있는 걸 봤습니다. 대부분 다윈주의 관련 서적이었는데, 『코스모스』도 잘 보이는 곳에 놓여 있었어요. 그때 저는 다윈의 이론이 인문학과 사회과학에 어떤 변화를 일으키고 있는지 잘 몰랐고 관심도 별로 없었습니다. 한마디로 말해서 무식하기 짝이 없는 '문과 글쟁이'였던 것이죠.

그랬던 제가 『코스모스』라는 과학 교양서에 반해버렸습니다. 그전에도 다른 과학 교양서를 전혀 읽지 않은 것은 아니었지만 공감과 재미를 느낀 적은 없었는데, 이 책은 도대체 어디가 달랐을까요? 과학 대중화를 위해 평생 노력했던 작가답게, 글쓴이가 책 곳곳에 아직 과학자가 되기 전 소년 시절 느꼈던 감정을 심어두었기 때문입니다. 그래서 나이 마흔에도 과학 문외한이었던 제가 쉽게 감정을 이입하고 공감을 느낄 수 있었던 것이죠. 그런 공감을 안겨준 대목을 하나 더 소개하겠습니다. 도서관 카드를 받아들기 전 소년 칼은 답을 알 수 없는 의문을 껴안고 있었는데, 난생 처음 간 도서관의 사서가 건네준 책에서 답을 얻었다는 이야기입니다.

　　일찍 잠자리에 드는 사람이라도 겨울에는 별을 가끔 볼 수 있다. 나도 멀리서 반짝거리는 별들을 올려다보고는 했다. 그럴 때마다 그것들이 도대체 무엇인지 무척 궁금해져서 나보다 나이가 많은 아이들이나 어른들에게 물어보았다. 하지만 그들은 "하늘의 불빛이지, 꼬마야"라고 대답해줄 뿐이었다. '하늘에서 반짝이는 빛', 그 정도는 나도 아는 이야기였다. 하지만 그것이 도대체 무엇이란 말인가? 떠돌아다니는 작은 등? 무슨 이유로 떠돌지? 나는 별들이 불쌍해 보이기까지 했다. 내 주변 사람들의 무관심 때문에 그들이 가진 독특함이 완전히 잊혀지고 아주 평범한 것으로 취급받는 별들의 신세가 불쌍해 보였던 것이다. 나는 좀더 깊이있는 답을 듣고 싶었다.

　　(…) 그 책에 따르면 별이 태양이란다. 매우 멀리 떨어져 있기 때문에 작게 보일 뿐이라는 것이었다. 우리의 태양도 수많은

별들 중 하나이고 별과 다른 것은 그저 우리와 가깝다는 사실밖에 없다는 것이었다. (⋯) 별들이 정말로 태양과 같은 존재라면 그들은 꽤나 멀리 떨어져 있는 게 틀림없다고 생각했다. 분명히 85번가보다 멀었다. 맨해튼보다 멀고 아마 뉴저지보다 더 멀 것 같았다. 우주는 내가 상상했던 그 어떤 것보다 훨씬 더 컸다.

그다음 나는 또 하나의 놀라운 사실을 알게 됐다. 브루클린을 포함한 지구가 하나의 행성이며 태양의 주위를 돈다는 것이었다. (⋯) 그렇다면 다른 별들도 아직 우리가 알지 못하는 행성들을 거느리고 있지 않을까? 그리고 이러한 행성들 중 몇몇에는 생명이 살고 있지 않을까? 살지 말라는 법이 어디 있겠어? (⋯) 그때부터 나는 천문학자가 되기로 결심했다. 별과 행성들에 대해 공부하고 가능하면 그곳들을 방문해보겠다고 결심했다.

칼 쎄이건은 우주를 연구하는 과학자가 되었습니다. 다른 별과 행성을 방문하지 못한 채, 많지 않은 나이에 암으로 세상을 떠났지요. 하지만 그가 힘을 보태서 쏘아 올렸던 미국 항공우주국의 우주탐사선 보이저 1호와 2호는 지구와 교신하면서 태양계의 모든 행성을 통과해 머나먼 우주로 나아갔습니다. 칼 쎄이건의 생애는 공부가 무엇인지, 공부와 삶이 어떤 관계가 있는지 잘 보여줍니다. 그를 천체물리학자로 만든 것은 아주 어린 시절 품었던 의문이었습니다. 별은 무엇일까? 누구나 한 번쯤 품어보는 이 단순한 질문을 끝까지 파고든 결과 과학자가 된 것이지요.

어떻습니까? 어떤 과학자가 어린 시절 느꼈던 감정을 어른이 된 후에 책에 썼고, 그가 세상을 떠난 지 한참 시간이 흐른 후에 이미 나이를 먹을 만큼 먹은 저 같은 사람이 그 문장을 읽으면서 '너무 좋아' 이러고 있다니 신기하지 않습니까? 저는 이런 게 바로 책이 만들어내는 기적이라고 생각합니다.

과학책을 읽을 때는 과학적 사실과 정보를 습득하는 데 초점을 두어야 합니다. 그렇지만 그것으로 충분하다고 할 수는 없어요. 글쓴이가 그 정보를 손에 넣었을 때 느꼈을, 그것을 해석하고 활용하고 서술하면서 문자 텍스트에 담으려고 했던 감정을 함께 읽어내야 공부가 재미있습니다. 그런 재미를 느껴야 남이 읽으면서 재미를 느끼도록 글을 쓸 수 있어요. 책을 쓴 사람과 읽는 나 사이에, 그리고 내가 쓴 글을 읽는 독자와 나 사이에 보이지 않는 끈을 만들어 공감을 주고받을 때 저는 행복하다고 느낍니다. 그래서 책을 읽을 때는 글쓴이와 거리를 두지 말고 감정을 이입해야 한다고 주장하는 것이죠.

비판적으로 텍스트를 독해하려면 거리감을 두지 말고 글쓴이에게 감정을 이입하면서 읽어야 합니다. 과학이든 인문학이든 책은 다 그렇게 읽어야 합니다. 혹시 빤한 '공자님 말씀'으로 들리나요? 그런 게 아닙니다. 저는 사십여 년을 글 쓰는 일로 살았습니다. 그중 십 년 정도는 정치와 행정을 했지만 그 기간에도 글쓰기를 멈춘 날은 없었어요. 글쓰기와 정치는 전혀 다른 일이지만, 사람들의 마음에 다가서야 의미가 있다는 점만큼은 닮았다고 생각합니다. 글 쓰는 사람과 정치하는 사람은 타인의 평가와 비판 대상이 된다는 점도 비슷하고요.

저는 정치인으로서나 글쟁이로서 남의 비판을 많이 받아보았습니다. 가끔은 정말 아프게 다가오는, 그렇지만 행복할 정도로 고마운 비판이 있습니다. 제게 감정을 이입해서 제 말과 글과 행동을 분석하고, 그 토대 위에서 비판하는 글입니다. 그러나 그런 비평이 그리 흔치는 않습니다. 비평하는 사람이 자기 자신의 감정에만 빠져서 남의 텍스트를 멋대로 난도질하는 비평은 흔하지만요.

어떤 텍스트를 비판하려면 먼저 그 텍스트를 있는 그대로 이해해야 합니다. 어떤 사람이 터무니없어 보이는 주장을 하는 경우에도 텍스트를 쓴 사람에게 감정을 이입해서 그 사람의 눈으로 그 텍스트를 봐야 합니다. 글쓴이가 무슨 생각과 어떤 감정을 텍스트에 담았는지 살펴본 다음 빠져나와서 자기 자신의 눈으로 그 텍스트를 비평해야 하는 겁니다. 그래야 그걸 쓴 사람뿐만 아니라 제3자도 그 비평에 쉽게 감정을 이입할 수 있어요. 텍스트 안으로 들어가지 않고 밖에 머무르면서 오로지 비판할 거리를 찾으려는 목적으로 텍스트를 읽으면 비평다운 비평을 쓰지 못합니다. 비평하는 사람이 지적·정서적으로 발전하기도 어렵다는 것은 말할 나위도 없죠.

오래 전 어떤 젊은 비평가가 우리나라의 내로라하는 논객 아홉 명을 비평한 책 『논객시대』를 냈습니다. 출판 기획은 무척 훌륭했고, 비평 대상 지식인 아홉 명도 모두 흥미로운 인물이어서 책이 나온다는 이야기를 들었을 때는 큰 기대를 했습니다. 그런데 정작 받아보니 기대한 만큼 훌륭한 책은 아니었어요. 글쓴이가 비평의 대상으로 설정한 논객들에게 충분히 감정을 이입하지 않은 채 그들의 텍스트를 분석·비평했기 때문에 제3자인 독자들도 감정을 이입해서 읽기가 무척 어려웠습니다. 안타까운 일이죠.

다시 한 번 강조합니다. 『코스모스』를 읽을 때 오류를 찾아내겠다는 태도로 읽지 마십시오. 칼 쎄이건이라는 지식인에게 온전히 감정을 이입해서 읽으십시오. 그래야 공부가 됩니다. 그래야 그 사람처럼 타인의 감정이입을 끌어내는 글을 쓸 수 있게 됩니다. 이유는 자명합니다. 타인의 글을 읽으면서 공감을 느낄 능력이 없다면, 타인이 공감을 느낄 수 있는 글을 쓸 수 없기 때문이지요.

공감:
신영복과
창신꼬마 이야기

2016년 신영복 선생이 세상을 떠나셨습니다. 저는 그분의 글을 좋아합니다. 공부가 많이 되거든요. 고전 강독도 공부가 되지만, 저는 그분의 에세이에서 더 많이 배웠습니다. 마지막 저작이 된 『담론: 신영복의 마지막 강의』 2부에 교도소에서 만난 '떡신자 라이벌' 이야기가 나옵니다. 동대문 창신동에서 자랐다는 이 사람은 눈치와 동작이 빨라서 못하는 게 없었다고 합니다.

떡신자란 모든 위문품이 있는 종교 집회에 빠짐없이 나타나는 사람입니다. 기천불 종합 신자라고도 합니다. 화요일 기독교 집회, 수요일 천주교 집회, 목요일 불교 집회 등 교도소에는 종교 집회가 열리고 그 종교 집회에는 가끔씩 바깥의 신도들이 위문품을 가지고 방문하여 함께 예배를 봅니다. 바깥 신도들이 위문품 가지고 방문한다는 소문이 돌면 위문품 때문에 너도나도 참석하려고 기를 씁니다. 위문품으로 대개 빵이나 떡 봉지 하나씩 나누어줍니다. 그러나 종교 집회 참석이 쉽지 않습니다. 신자 명단에 있는 사람만 보내줍니다. (…) 떡신자는 이 관문을 잘 통과하는 사람입니다. (…) 나의 18번 핑계는 "나는 무기수이기 때문에 언젠가는 종교를 하나 가질 생각이어서 여러 종교집회에 부지런히 참석하려고 한다"는 것입니다. (…) 나 이외에도 나와 라이벌 떡신자가 한 사람 있었습니다. (…) 떡이 있는 종교 집회에 가면 틀림없이 개가 먼저 와 있습니다. 내가 교회당에 도착하면 창신꼬마부터 확인합니다. 저만치서 무사 통과를 자축하는 V사인을 보내옵니다. 사실 반갑기도 합니다. 내가 눈치를 보내면 금방 알아차립니다. 강당의 무대 옆에 쌓아놓은 '보루박스' 속의 빵 봉지가 몇개인지 어림짐작을 하고, 현재 참석한 인원을 계산하는 것입니다. 빵 봉지 개수가 부족할 듯하면 줄 앞쪽에 서서 먼저 받아야 합니다. 빵이 남을 듯하면 뒤로 뒤로 처져서 나중에 받아야 합니다. 남는 경우에는 마지막에 서 있는 사람들에게는 두개씩 줍니다. 두개 받아서 공장으로 돌아가는 날은 흡사 개선장군입니다. '떡신자'는 사실 쪽팔리는 별명입니다. 명색이 대학교 선생 하다가 들어와서 떡신자라는 별명이 좀 그렇습니다. 그러나 그러한 소문과 이미지가 아마 인간적 신뢰 형성에는 이동문고보다 월등하지 않았을까 생각합니다.

신영복 선생은 '떡신자'였습니다. 떡이 탐나서 그랬던 건 물론 아니었죠. 그랬을 리가 있겠습니까? 교도소 재소자 사회의 지배적인 문화에 동참해야 인간적 신뢰를 쌓을 수 있어서 그랬던 겁니다. 여러분은 떡신자의 마음에 공감하시나요? 그런데 누구한테 공감하시는 겁니까? 신영복 선생한테요? 저는 신영복 선생이 아니라 창신꼬마한테 감정을 이입했어요. 군대를 경험한 남자들은 저와 비슷하지 않을까 생각합니다. 저도 논산훈련소에서 기초군사훈련을 받을 때 창신꼬마처럼 했거든요. 그렇게 했던 남자들, 아마 많을 겁니다.

훈련병들은 종종 야외교장으로 나갑니다. 각개전투나 행군훈련을 할 때입니다. 점심시간에 밥차가 오면 훈련병들 스스로 배식을 합니다. 훈련병들은 배식 경험이 없으니까, 밥이 모자라거나 남을 위험이 있어요. 재수가 없으면 정량을 제대로 찾아먹지 못합니다. 불운을 피하려면 주걱을 쥔 훈련병이 어떤 성격인지 파악해야 합니다. 소심한 친구라면 후미에 서야 합니다. 처음에 밥을 조금씩 푸다가 남겠다 싶으면 그때부터 많이 주거든요. 덜렁대거나 지나치게 대범한 성격의 소유자는 처음에 막 퍼주다가 나중에야 모자란다는 걸 알게 됩니다. 이럴 때는 서둘러야 합니다. 자칫 뒤에 섰다가는 정량의 반도 먹지 못할 수 있거든요.

판단 착오로 정량을 찾아먹지 못하면 대책이 없습니다. 반면 성공해서 식판이 넘치게 밥을 받아드는 때는 안면근육을 강력 통제해서 미어지는 웃음을 감추어야 합니다. 웃기죠? 그렇지만 훈련병한테는 웃기는 게 아닙니다. 절박한 생존투쟁이에요. 육군 정량을 찾아먹는 데 성공하려면 전략적 판단을 하는 데 필요한 정보를 축적해야 합니다. 같은 내무반을 쓰는 동료 훈련병들을 자세히 관찰해야 한다는 것이죠. 창신꼬마가 개선장군이 될 수 있었던 것도 '보루박스'의 빵 봉지 수와 '떡신자'의 수에 관한 정보를 빠르고 정확하게 수집한 덕분이었어요.

제가 창신꼬마와 똑같았던 건 아닙니다. 저는 누구한테도 V사인을 하진 않았어요. 쪽팔려서요. '명색이 나라를 구하겠다고 나섰다가 붙들려 군에 끌려온 내가 아닌가. 그래, 그런 호연지기를 가졌던 자가 고작 밥 한 숟갈 더 먹겠다고 이렇게 잔머리를 굴린단 말인가!' 그런 생각 때문에 비참한 기분이 들었습니다. 드높았던 자부심은 사라졌고, 밥을 받으려고 줄을 설

때마다 저 자신이 참으로 하잘것없고 나약한 존재임을 절감했습니다.

괜한 자학을 하려고 이 이야기를 꺼낸 건 아닙니다. 글을 쓸 때 개별적 경험을 일반화하는 게 중요하다는 이야기를 하고 싶어서 꺼낸 겁니다. 신영복 선생은 왜 '떡신자'와 '창신꼬마'의 일화를 소개한 걸까요? 그분은 자기 변화는 인간관계의 변화를 통해 완성된다고 보았습니다. 자신의 생각과 말과 행동방식을 바꾸는 것만으로는 부족하며, 자기가 맺고 있는 인간관계가 바뀌어야 개인의 변화도 완성된다고 생각했습니다. 어떤 사람이 맺고 있는 인간관계의 변화가 그 사람의 변화의 질과 높이의 상한(上限)이라는 겁니다. 같은 키의 벼 포기나 어깨동무하고 있는 잔디가 그런 것처럼 말이지요. 신영복 선생은 재소자들과 맺고 있었던 인간관계의 변화를 도모하기 위해 신뢰를 쌓아야 했고, 신뢰를 쌓기 위해 '쪽팔림'을 감수하면서 교도소 문화의 상징 가운데 하나인 '떡신자'를 자처한 것입니다.

신영복 선생의 글에는 이런 게 많습니다. '떡신자'와 '창신꼬마'라는 개별적 경험을 통로로 삼아 스스로를 변화시키려면 최종적으로 인간관계를 변화시켜야 한다는 보편적 결론으로 나아가는 서술방식 말입니다. 저는 이것이 독자의 공감을 얻는

데 매우 효과적인 글쓰기 전략이라고 생각해요. 물론 개인의 변화와 인간관계의 변화 사이의 관계에 대한 신영복 선생의 견해는 받아들일 수도 있고 배척할 수도 있습니다. 배척해도 상관없어요. 하지만 개별적 경험을 보편화하는 글쓰기의 방법만큼은 누구나 배워도 좋을 것이라 믿습니다.

훈련병 시절 이야기를 마무리하고 넘어가야겠네요. 제가 '창신꼬마'처럼 잔머리를 굴렸던 것은 배가 고팠기 때문입니다. 누구나 짐작할 수 있는 이유 때문에 밥과 반찬이 육군 정량만큼 나오지 않았거든요. 군의 부정부패라는 사회적·구조적 원인이 있었던 것이죠. 그렇지만 그건 훈련병으로서 어떻게 해볼 수가 없는 것이어서 개인적 해법을 찾으려고 잔머리를 굴린 겁니다. 잔머리 굴리는 제 모습이 싫었지만 지나친 자학이나 비관에 빠지지는 않았습니다. 자존심을 잃고 싶지도 않았고요.

어떤 훈련병은 배식하는 동료한테 더 달라고 칭얼거렸지만 저는 절대 그렇게 하지 않았습니다. 잘못 판단해서 밥을 적게 받는 날은 혼자 자책하면서 먹었고 밥을 많이 받았을 때도 드러내놓고 기뻐하지 않았습니다. 내가 급식 시간에 줄을 서는 전략에 대해서 누구한테도 말하지 않았고요. 아무에게도 민폐를 끼치지 않고 누구한테도 비굴하게 굴지 않는 것으로 혼자 자존을 지킨 겁니다.

　돌이켜보니 논산훈련소에서만 그랬던 게 아니라 인생 자체를 그런 식으로 살아왔던 것 같기도 합니다. 지금도 그렇게 살고 있고요. 어떤가요? 여러분은 저한테 어느 정도 공감하십니까? 저는 자신이 고매한 인격자라고 생각하지 않습니다. 그렇지만 비천하다고 보지도 않아요. 위인은 못 되더라도 괴물은 되지 말자! 그런 수준의 결심을 지키고 살아왔다고 스스로 평가합니다. 더 바라진 않습니다. 그 정도면 괜찮다고 생각하니까요. 그리고 그 이야기를 이런 식으로 하는 것이 제가 글 쓰는 방식입니다.

　여러분에게 권합니다. 타인의 생각과 감정에 젖어보십시오. 신영복 선생이든, 창신꼬마든, 유시민이든, 그 누구든 글 쓴 사람이나 말하는 사람한테 감정을 이입하고 공감을 느껴보시라는 겁니다. 그렇게 해야 여러분이 쓰는 글이나 말이 다른 사람의 공감을 얻을 수 있을지 여부를, 얻는다면 얼마나 폭넓게 얻을 수 있을지를 가늠하는 능력이 생깁니다. 다른 방법은 없다고 믿습니다.

　저는 그런 식으로 책을 읽습니다. 어릴 때는 어땠나 생각해보니 그때도 마찬가지였던 듯합니다. 제 딸아이가 대학을 졸

업할 때 이야기입니다. 총학생회 활동을 한다고 여러 번 휴학을 한 탓에 졸업하는 데 남들보다 시간이 많이 걸렸지요. 누구나 인생의 문 하나를 통과하면 책장을 정리합니다. 그다음의 삶에 필요한 책을 꽂아야 하니까요. 책 정리를 도와주다가 버리려고 모아놓은 책 더미에서 『제인 에어』를 발견했습니다. 옛날 생각이 나서 선 채로 책장을 넘겼죠. 그런데 마치 처음 읽는 책 같았어요. 내용이 하나도 기억나지 않는 겁니다. 이 소설이 이런 내용이었어? 왜 기억이 안 나지?

여러분은 『제인 에어』 줄거리 기억하십니까? 대충 이런 겁니다. 어린 나이에 고아가 된 제인은 외삼촌 집에 맡겨졌는데, 성미 고약한 외숙모가 못되게 구박합니다. 외사촌한테 욕을 듣고 얻어맞는 걸 참지 못해 피가 터지게 드잡이를 했다가 차가운 방에 갇히기도 하죠. 외숙모는 제인을 이름만 학교일 뿐 고아원이나 다름없는 시설에 보내버립니다. 교육사업가 행세를 하면서 후원금을 갈취하고 돈을 횡령하는 데 혈안이 된 시설장은 여학생들 머리를 짧게 자르게 하고 형편없는 밥을 먹입니다. 제인을 의자 위에 세워 벌을 주면서 아이들이 다 보는 가운데 '배은망덕한 고아'라고 모욕을 퍼붓기도 하지요.

제인이 영양실조를 겪던 끝에 병들어 숨을 거둔 헬렌을 껴

안고 한 침대에서 잠드는 장면에서 저는 이 소설을 처음 읽었던 중학생 시절 느꼈던 감정을 되살려낼 수 있었습니다. 분노에 불타오르는 까까머리 중학생이 보였어요. 수십 년 세월을 뛰어넘어 그때의 감정이 그대로 떠올랐습니다. 소설 내용이 거의 아무것도 기억나지 않았는데 감정은 선명하게 되살아난다니, 예상치 못한 일이었습니다. 선 채로 책장을 넘기면서 '이렇게 유치한 소설이었던가' 하고 생각했는데, 그제야 『제인 에어』가 괜히 '세계명작전집'에 들어간 게 아니라는 걸 깨달은 겁니다. 문자 텍스트에는 그런 힘이 있습니다.

『제인 에어』는 원래부터 지식과 정보가 아니라 감정을 전하려고 쓴 글입니다. 복잡한 사건이 일어나고 등장인물들이 다양한 갈등을 겪지만 샬럿 브론테(Charlotte Brontë)가 표현하고 싶었던 건 특정한 사건이나 등장인물의 성격이 아닙니다. 그는 삶의 의미가 무엇인지, 우리에게 고귀하고 가치 있는 감정은 어떤 것인지에 대해서 이야기합니다.

물론 해석은 각자의 몫입니다. 저는 샬럿 브론테가 펼친 스토리 자체에는 별로 공감하지 못합니다. 인간 자체는 변하지 않았지만 세상은 많은 점에서 19세기 영국과는 달라졌으니까요. 오늘날 대한민국의 수많은 '제인 에어'들에게는 거액의 유산을 남겨줄 친척이 없습니다. 그때 영국에서도 친척의 유산은 권력과 돈이 사람 위에 군림하는 세상의 부조리에 대한 일반적인 해결책이 아니었습니다. 그 유산은 제인 에어라는 소설 주인공 한 사람을 절망에서 구해냈을 뿐이에요.

그러나 어쨌든, 어린 시절 저는 『제인 에어』에서 인간적·사회적 공분(公憤)을 느꼈습니다. 나이를 먹은 지금도 다르지 않은 감정을 느낍니다. 사회악의 구조적 해결책을 제시하지 않는다는 이유를 들어 샬럿 브론테를 비판하거나 소설 『제인 에어』를 혹평할 필요는 없다고 봐요. 돈과 권력을 가졌으나 인간으로서는 비천한 자들이 고귀한 인간적 감정을 지니고 자기 힘으로 힘껏 살아가는 사람들을 공공연하게 경멸하고 모욕하는 세태에 대한 공분을 느끼는 것만으로도 이 소설을 읽는 데 들어가는 시간은 전혀 아깝지 않으니까 말입니다. 진화생물학자들의 연구에 따르면 공분을 느끼는 능력은 문명이 아니라 생물학적 진화의 산물이라고 하더군요. 사회적 공분을 느끼는 능력이 호모 사피엔스의 본성에 속한다니 반갑지 않습니까? 역시 공부는 좋은 겁니다.

태도:
굴원의 「어부사」

　책을 읽으면서 저자가 책 속에 심어놓은 생각과 감정을 읽어내고 그것을 바탕으로 세계와 인간과 나 자신을 더 깊고 정확하게 이해하는 것이 공부의 한 면이고, 그렇게 해서 생각하고 느낀 것을 문자로 옮기는 글쓰기는 공부의 다른 면입니다. 세상을 대하고 나를 대하고 타인을 대하는 태도나 방식을 정할 때, 우리는 독서를 통해서 얻은 정보와 지식을, 책을 읽으면서 느낀 감정을 활용해요. 그래서 어떤 책을 어떻게 읽는지에 따라서 사람의 감정과 생각이 바뀌며, 감정과 생각이 달라지면 행동도 달라집니다. 그래서 비뚤어진 권력자들이 학교 교과서를 제 입맛대로 만들려고 하는 겁니다.

　카이스트에서 가르치는 정재승 교수나 김대식 교수 말씀으로는, 뇌가 충분히 성장하기 전에는 가치판단을 내포한 지식과 정보를 가르치지 않는 게 바람직하다고 하더군요. 어릴 때는 도덕이 아니라 수학이나 물리학을 가르쳐야 한다는 겁니다. 옳은 견해인지는 모르겠으나 역사의 경험에 비추어보면 일리가 있다고 생각합니다. 뇌가 덜 자란 상태에서 초기에 입력된 정보들은 나중에까지 큰 영향력을 행사하며 잘 바뀌지도 않습니다. 그래서 독재자는 유아 교육을 장악합니다. 나치도 그랬고 스탈린도 그랬으며 김일성과 박정희도 그랬습니다. 북한이 저렇게 못살고, 인민들이 굶어죽고, 독재가 극심한데도 반세기 넘게 체제를 유지할 수 있었던 이유 중 하나가 바로 유아 교육을 확실하게 장악한 것이라고 볼 수 있어요. 유치원 때부터 '위대한 어버이 수령님의 은혜'를 가르치면 어른이 된 후에도 죽은 수령의 사진만 보면 저절로 눈물을 흘리게 된다는 겁니다. 우리 뇌가 지닌 결함을 철저하게 이용하는 것이죠.

어떤 지식과 정보를 주로 전달받으며 어떤 감정을 전하는 텍스트를 주로 읽느냐에 따라 세계와 타인과 자기 자신을 대하는 태도가 달라집니다. 인간은 그런 동물이에요. 그런 점에서 전체주의체제 국가가 아니라 자유주의체제 국가에서 태어난 것은 작지 않은 행운입니다. 물론 대한민국이 완전히 자유로운 사회라는 건 아닙니다. 아직 갈 길이 멀어요. 집권세력이 헌법과 민주주의 기본원칙을 무시하고 권력을 휘두르면 어느 정도 독재국가처럼 보이기도 합니다. 하지만 대한민국이 독재국가는 아닙니다. 국민이 마음만 먹으면 언제든지 권력을 교체할 수 있으니까요. 대통령을 탄핵해 물러나게 하기도 했고 2백 석 가까운 국회 의석을 몰아주어 입법권을 전적으로 야당에 주기도 하지 않았습니까? 대한민국이 민주공화국이라는 것은 변경할 수 없는 사실입니다.

예전에는 다들 그랬고 지금도 대체로 그런데, 어른들은 어린이한테 자꾸 위인전을 줍니다. 요즘은 어린이책이 아주 다양하지만 제가 어렸을 때는 어린이책 하면 첫째가 위인전이었어요. 그런데 그게 정말 심각한 문제였습니다. 위인전은 대개 국가와 사회를 위해서, 남을 위해서 헌신하고 봉사하고 목숨을 바친 사람들 이야기입니다. 여러분도 이순신 장군을 존경하시죠? 이유가 뭡니까? 민족 영웅이거든요. 겨우 12척의 배로 적선 300척을 격파했고, 퇴각하는 왜군을 추격해 마지막까지 싸우다 끝내 전사한 분 아닙니까? 우리가 아는 민족 영웅은 대부분 나라를 위해 큰 공을 세우고 목숨을 바친 사람들입니다. 이렇듯 우리는 세상의 일과 자기 인생을 구분하지 않고 공동체를 위해 죽음을 불사하고 분투한 사람을 우러러보는 문화를 숨쉬며 자랐습니다.

중년에 접어든 분이라면 다 아시겠지만, 우리 세대는 초등학교 때 박정희 대통령이 만든 「국민교육헌장」을 외워야 했어요. 제법 긴 글인데도 외우지 못하면 선생님이 집에 안 보내줬습니다. 그래서 오십 년이 지난 지금도 첫 문장을 외웁니다. "우리는 민족중흥의 역사적 사명을 띠고 이 땅에 태어났다." 어떤가요? 정말 그렇습니까? 여러분은 누구한테 그런 사명을 받고 세상에 오셨나요? 아닙니다. 절대 그럴 리 없습니다. 생짜 거짓말이에요. 아빠의 실수나 엄마의 방심, 더러는 '그놈의 술 때문에' 세상에 온 사람도 많아요. 태어나서 한참 지나고 난 후에야 내가 세상에 있다는 걸 알았지, 그런 사명을 받아 이 땅에 오지는 않았습니다.

그런데도 다들 그런 텍스트를 외우면서 자랐습니다. 그러다보니까 저도 모르게 세상의 일과 나의 일을 구분하는 것은 훌륭하지 않은 태도라고 생각하게 됐습니다. 국가를 위해서 목숨을 바치는 사람이 훌륭하다, 이런 식으로 외부 세계를 대하는 태도가 형성된 거죠. 저도 오랫동안 그런 태도로 살았던 것 같습니다. 어떻게 보면 제가 유신체제 때 데모한 거나 5·18 때 데모했던 건 박정희 대통령 탓인지도 모릅니다. 그렇게 살아야 훌륭하다고 가르쳤으니까요. '대한민국은 민주국가가 돼야

해. 그래야 민족중흥이 이루어질 수 있어. 우리는 그런 사명을 띠고 태어났으니까 싸우다 죽는 한이 있어도 민주화투쟁을 해야 해.' 제가 볼 때는, 역설적이지만 민주화운동이 적어도 부분적으로는 전체주의적 유신 교육의 영향을 받았다고 할 수 있습니다.

이십대 후반에 글 쓰고 칼럼 쓰다가, 독일 유학 갔다 와서 또 글 쓰고 칼럼을 쓰고, 뒤에 정치에 뛰어들어서 일했던 것도 그러한 태도의 연장선상에서 한 겁니다. '누군가 해야 하는 일이야? 내가 해야 한다고? 그럼 뭐, 해야지 어떡해.' 이렇게 해서 국회의원에 출마했습니다. 국회의원 하면서 '보건복지부 장관님, 이거 해주세요' 아무리 호소해도 들어주지 않더라고요. '아, 신경질 나. 내가 직접 해야겠어.' 대통령께 '저 보건복지부 장관 시켜주세요' 해서 장관을 했습니다. 제가 몸담았던 정부는 국민들한테 좋은 평가를 못 받아서 정권이 교체됐죠. 저는 국회의원 선거에서 떨어졌고, 제가 모셨던 대통령은 돌아가셨습니다. 저는 좌절감을 느꼈습니다. 세상은 이상해졌고, 나는 왕따 된 것 같고, 그랬지요.

이럴 때는 어떻게 해야 하나? 저 같은 먹물은 그럴 때 책을 폅니다. 지금까지 내가 텍스트를 읽으면서 얻은 지식과 정보와 감정을 활용해서 세상을 살아가는 태도를 결정해왔는데 뭔가 좀 잘못된 것 같다는 생각이 들어서 옛날에 읽었던 책을 다시 읽어봤습니다. 어려서 읽었을 때하고는 무척 다르더군요. 신기했어요. 그래서 쓴 책이 『청춘의 독서』(2009)입니다. 그 책을 쓰면서, 내가 달라지면 같은 텍스트도 다르게 해석하게 되고, 텍스트를 다르게 해석하면 그 해석을 토대로 한 삶의 태도를 또 바꾸게 된다는 걸 알았습니다.

제 책 리스트가 그리 짧지는 않은데요, 개인적으로 제일 애착이 가는 책이 바로 『청춘의 독서』입니다. 여기서 저는 어렸을 때 읽었던 책 열네 권을 다시 읽고 소감이 어떻게 달라졌으며 그 이유를 무어라 생각하는지 이야기했습니다. 제가 깊이 감정을 이입해서 읽었고, 그래서 제 인생행로를 선택하는 이정표로 삼았고, 제 글쓰기의 기초가 되었던 책들입니다. 인생 공부의 참고서였지요. 그런데 놀랍게도 긴 세월을 건너 다시 만난 책들이 예전과는 크게 다른 이야기를 들려주었습니다. 역시 공부는 끝이 없는가 봅니다.

저는 '위인전 인생관'을 버렸습니다. 훌륭한 사람이 되는 것이 아니라 나답게 사는 것을 삶의 목표로 삼았습니다. 이렇게 생각을 바꾸는 데 격려를 준 문장을 하나 들어보겠습니다.

'이렇게 사는 건 문제가 있는 것 같아. 다르게 사는 건 안 될까?' 고민할 때 도움이 된 글입니다. 춘추전국시대 굴원(屈原)이라는 사람이 쓴 「어부사(漁父辭)」의 문장인데요, 이 사람은 왕과 세상에 대한 원망을 담은 「이소(離騷)」라는 글로도 유명합니다. 굴원은 백성과 국가를 위해서 충성을 다했는데 어리석은 왕이 알아주지 않았어요. 억울하게 삭탈관직당하고 내쫓기자 「이소」를 썼고, 죽으러 가는 길에는 「어부사」를 남겼습니다. 「어부사」에서 굴원은 길을 가다 우연히 만난 어부한테서 다음과 같은 말을 들었다고 써놓았습니다.

창랑의 물이 맑으면 갓끈을 씻고, 창랑의 물이 흐리면 발을 씻으리라.

세상을 탓하거나 원망하지 말고 세상에 맞춰 살라는 것이죠. 흙탕물에는 발을 씻어야지 얼굴을 씻으면 안 되잖아요? 물이 맑으면 얼굴을 씻고 물이 탁하면 발을 씻으면서 살면 되지, '왜 이렇게 물이 탁해!' 비관할 필요 있느냐고 한 겁니다. 굴원은 이 말을 어부가 한 것처럼 적었습니다. 그리고 삶을 비관한 사람이 한강 다리에서 떨어지듯 멱라수에 몸을 던져 죽어버렸습니다. 어렸을 때는 이 이야기에 아무런 감흥을 느끼지 못했습니다. 그런데 다시 보니 다르더군요. '아, 이렇게 살아도 되는구나' 싶었습니다. 그렇잖아요? 그렇게 세상에 맞추어 사는 것도 선택할 수 있는 인생이잖아요!

사람은 나약한 존재라서 어려운 선택의 기로에 서면 어디에든 기대려고 합니다. 종교에 기대기도 하고 멘토에 기대기도 하고 술에 기대기도 합니다. 저는 책에 의지합니다. 이것저것 해봤지만 제일 믿을 만한 건 역시 책이더라고요. 책을 찾아보면 이쪽이든 저쪽이든 듣고 싶은 얘기가 다 있습니다. 저는 굴원의 「어부사」에 기대어 정치를 그만두었습니다. 대중이 나를 원하면 정치를 하고 대중이 원치 않으면 내가 하고 싶은 일을 하면 되겠구나, 생각한 거죠. 선거에서 세 번 떨어졌으니까 사람들이 저를 원하지 않는 게 확실했습니다. 제가 잘났든 못났든, 제 눈에는 창랑의 물이 탁해 보여서 발을 씻기로 했습니다. 그리고 제가 가고 싶은 길로 떠났지요. 책임 회피라고 볼 수도 있고, 오만하기 그지없는 삶의 방식이라고 할 수도 있겠지만, 저는 괜찮다고 생각했습니다. 인생행로를 변경하려고 할 때 누군가의 글에서 용기를 얻는 것도 공부라고 할 수 있지 않을까요?

격려:
『맹자』와
『유한계급론』

책에서 위로와 격려를 받는 것도 공부라고 할 수 있다는 이야기를 조금 더 해볼까 합니다. 이솝우화에 나오는 '여우와 신포도', 아시죠? 살다보면 간절히 원하지만 얻을 수 없거나 이룰 수 없는 것이 있기 마련입니다. 그래도 포기하지 않고 끝까지 노력하는 것이 훌륭한 삶의 방식일 수 있겠죠. 끝내 이루고야 마는 사람도 있으니까요. 하지만 때로는 포기하는 것도 현명한 선택일 수 있습니다. 그럴 때는 먹을 수 없는 그 포도가 실 것이라고 생각해야 마음이 덜 쓰립니다. 자존심이 상한다고 느끼시나요? 그렇다면 이솝우화보다는 맹자(孟子)의 말이 위로가 될 수 있습니다. 『맹자』「등문공」하편에 나오는 유명한 말을 들려드리겠습니다.

천하의 넓은 집(仁)을 거처로 삼고, 천하의 바른 자리(禮)에 서며, 천하의 대도(義)를 실천하여, 뜻을 얻었을 때는 백성과 함께 그 길을 가고, 그렇지 못하면 홀로 그 길을 간다. 부귀도 나를 흔들 수 없고, 빈천도 나를 바꿀 수 없으며, 위세와 무력도 나를 꺾을 수 없어야, 비로소 대장부라고 하는 것이다.

대장부는 그저 대범하고 힘과 용기가 넘치는 사람을 가리키는 말이 아닙니다. 대장부는 자기 자신에게 당당한 사람입니다. 제가 꽂혔던 대목은 "뜻을 얻었을 때는 백성과 함께 그 길을 가고, 그렇지 못하면 홀로 그 길을 간다"는 문장이었습니다. 얼마나 멋집니까? '백성을 탓하거나 하늘을 원망하지 않는다. 뜻을 얻으면 백성과 함께 가고 뜻을 얻지 못하면 나 혼자 간다.' 이 오연함이야말로 인간 맹자의 힘이었다고 저는 생각했습니다. '그래, 뜻을 얻었을 때는 시민과 함께 정치의 길을 갔다. 이젠 그렇지 않으니 나 홀로 내 길을 가자.' 그렇게 저 자신을 격려했지요.

내가 어쩌다 글 쓰는 직업을 가지게 되었나 생각해 보았습니다. 제 글쓰기의 출발은 소위 '불법 유인물' 제작이었어요. 학생운동을 하던 젊은 시절에도 그랬고, 국회의원 장관으로서 정치 행정에 종사할 때도 그랬고, 전업작가로 활동하는 지금도 어느 정도는 그렇습니다만, 제 글쓰기의 동력이 된 감정 가운데 제일 센 것이 분노였습니다. 아무 노력도 하지 않거나 갖가지

반칙을 저지르면서 강자의 지위를 얻은 사람들이, 인간으로서 자존을 지키면서 살아가려고 분투하는 사람들을 부당하게 모욕하고 경멸하고 짓밟는 현실에 대한 분노였지요. 앞에서 소설 『제인 에어』 이야기를 하면서 말씀드렸던 바로 그 감정입니다.

저는 그런 불의를 없애려고 학생운동도 하고 정치도 했습니다. 그런데 선거를 해보고 또 평소 국민여론조사 결과도 살펴보니까, 뜻밖에도 제가 마음에 두고 활동했던 시민들이 저한테 표를 안 주더라고요. 보건복지부에서 일할 때 노인장기요양보험과 기초연금을 도입해서 노인복지정책을 확충하는 데 힘을 많이 썼어요. 건강보험도 저소득층이나 중증질환을 앓는 분들의 경제적 부담을 줄여주는 쪽으로 많이 손을 봤고요. 그랬는데 이상하게 그런 정책의 혜택을 보는 시민들이 저와 제가 속한 정당을 지지해주지 않는 겁니다. 오히려 제가 특별히 해드린 게 없고 자기 힘으로 문제없이 잘 살아가는 시민들이 저를 좋아했지요. 섭섭하기도 했고, 또 답답하기도 했고, 좌절감도 적지 않게 느꼈습니다. 그때 마치 그런 저를 위해 써준 것처럼 다가오는 문장을 만났습니다. 소스타인 베블런(Thorstein Veblen)의 『유한계급론』 8장에서 가져왔습니다.

보수주의는 상층계급의 특징이기 때문에 품위가 있는 반면, 혁신은 하층계급의 현상이기 때문에 저속하다. 사람들로 하여금 모든 사회적 혁신을 외면하게 만드는 그 본능적 반발과 비난의 가장 단순한 요소는 사물의 본질적 비속성(vulgarity)에 대한 이 관념인 것이다. 그렇기 때문에 혁신자가 대변하는 것이 본질적으로 옳다는 것을 인정하는 경우에도, (…) 그 혁신자는 교제하기에는 불쾌한 인물이며 무릇 그와 접촉하는 일을 삼가야 한다는 사실을 의식하지 않을 수 없다.

베블런이라는 괴짜 경제학자가 가난한 사람들이 보수주의에 사로잡히는 이유를 설명한 글입니다. 저는 바람직한 혁신을 한다고 생각했는데 '네가지 없다'는 비난을 들었어요. 왜 그럴까? 그게 이해가 안 됐는데 이 글을 다시 읽고 깨달은 것이죠. 베블런의 『유한계급론』은 이십대에 이미 읽었던 책인데, 그때는 이 대목이 눈에 들어오지 않았습니다. 당시에는 부자가 애용하는 보석 박힌 지팡이가 구석기시대에 들고 다녔던 돌도끼의 흔적이라는 식으로 비꼰 대목이 좋아 보였는데, 나이 들어 다시 읽었을 때는 이런 문장이 마음에 들어오더군요. '원망할 필요 없구나. 지금 우리나라만 그런 게 아니고 다른 시대 다른 사회에서도 다 그랬구나.' 서운함을 덜 느끼게 되었습니다. 내가 잘못해서 그렇게 됐다는 생각도 덜어냈어요. 원래 그런 거니까 책임을 다 감당하려고 애쓰지 않아도 되겠다 싶기도 했고요.

거듭 말합니다. 공부는 인간으로서 의미 있게 살아가려고 하는 겁니다. 학위를 따려고, 시험에 합격하려고, 취직을 하려고 공부를 할 때도 있지만 공부의 근본은 인생의 의미를 만들고 찾는 데 있다고 저는 믿습니다. 그래서 저는 책을 읽고 공부를 할 때, 내가 삶을 살아가는 태도를 결정하는 데 참고할 수 있는 것들을 찾습니다. 세상에서 가장 많이 인쇄된 책이 기독교 성경이라는데, 그만한 이유가 있지 않겠습니까? 누구나 자신이 듣고 싶은 말을 거기에서 찾을 수 있거든요.

어휘:

건축자재가 없으면

집도 없다

지금까지 공부의 한 측면인 책 읽기에 대해 말씀드린 걸 요약하고 가겠습니다. 문자 텍스트를 읽을 때는 글쓴이가 독자에게 전달하려고 한 지식, 정보, 생각, 감정이 무엇인지 있는 그대로 정확하게 읽어내야 합니다. 그게 되지 않으면 공감도 교감도 비판도 할 수가 없어요. 그리고 그렇게 해야 책에서 얻은 것이 세상과 타인과 자기 자신을 대하는 태도를 형성하는 토대가 될 수 있습니다. 어려운 이야기는 아니죠?

이제 공부의 다른 측면인 글쓰기에 대해 말씀드리겠습니다. 글쓰기는 뭐냐? 내가 가치 있다고 여기는 정보, 옳다고 믿는 생각, 살아가면서 느끼는 감정을 문자로 표현하는 일입니다. 글쓰기는 공부한 것을 표현하는 행위인 동시에 공부하는 방법이기도 합니다. 문자 텍스트로 표현하기 전까지는 어떤 생각과 감정도 내 것이라고 말하기 어렵기 때문이지요. 모든 것은 문자로 명확하게 표현해야 비로소 내 것이 됩니다.

앞에서 소개했던 책 『사피엔스』로 돌아가보겠습니다. 하라리 박사는 인류사를 변화시킨 사건으로 인지혁명, 농업혁명, 과학혁명 세 가지를 지목했어요. 인지혁명은 7만 년에서 3만 년 전 사이에 일어났고, 농업혁명은 1만 년에서 5천 년 전 사이에 벌어졌으며, 과학혁명은 5백 년 전쯤부터 지금까지 진행 중입니다. 글쓰기는 인지혁명으로 생겨난 활동입니다.

저는 학교에서 호모 사피엔스가 등장하기 이전에 오스트랄로피테쿠스, 네안데르탈인, 호모 에렉투스 같은 선행인류가 있었다고 배웠어요. 그 선행인류가 다 사라지고 나서 현생인류가 지구의 주인이 되었다는 것이죠. 그런데 이건 사실이 아니랍니다. 지구 곳곳에서 발견한 선사시대 유골의 유전자를 분석한 연구에 따르면 현생인류는 다른 종의 인류와 상당히 긴 세월 공존했다는 겁니다. 북유럽과 아시아 지역의 어떤 민족은 네안데르탈인의 유전자를 4퍼센트 정도 가지고 있대요. 교미와 출산이 없었으면 유전자가 섞일 리가 없으니, 네안데르탈인이 우리와 완전 다른 종은 아니었나 봅니다.

그러면 왜 다른 호모는 모두 사라지고 사피엔스만 남아 번성했을까요? 어떤 면이 다른 호모보다 우월했기에 그렇게 된 것일까요? 하라리 박사는 이 의문을 푸는 열쇠로 인지혁명 가설을 제시합니다. 인지혁명은 뭐냐? 한마디로 실제로는 존재하지 않는 것을 존재한다고 믿으면서 서로 소통하고 협력하는 능력입니다. 대표적인 게 뭘까요? 바로 종교입니다. 여러분은 신이 있다고 믿으시나요? 아무도 신의 존재를 증명하지 못했습니다. 그렇지만 많은 사람들이 존재한다고 믿지요. 믿지 않는 사람에게는 신이 존재하지 않습니다. 하지만 믿는 사람한테는 존재합니다. 존재 여부가 사람의 생각에 달려 있는 것을 존재한다고 할 수 있을까요? 아닙니다. 보이지 않고 들리지 않아도 우리는 중력이나 자기장이 존재한다는 것을 압니다. 누군가 그것을 믿든 믿지 않든 상관없이 중력과 자기장이 존재한다는 것은 논리적·경험적으로 증명할 수 있습니다. 하지만 신은 그렇지 않아요. 과학의 기준으로 보면 신은 존재하지 않습니다.

그런데도 사람들은 신이 있다는 믿음을 고수하면서 자신이 사는 집보다 몇 백 배 크고 화려한 신전을 짓습니다. 고대 이집트나 그리스, 로마에서만 그랬던 게 아닙니다. 지금 이 시각에도 지구 곳곳에서 거대한 신전을 짓고 있어요. 존재를 증명할 수 없는 신의 존재를 믿으면서 수천만 명, 수억 명의 사람들이 종교 공동체를 형성해 서로 협력합니다. 신전만 짓는 게 아니에요. 전세계를 아우르는 바띠깐의 가톨릭 조직을 보세요.

다른 것도 생각해볼까요? 인권! 신이 존재하지 않는다는 논리를 적용하면 인권도 존재하지 않습니다. 사람을 해부해 보십시오. 우리 몸 어디에 인권이라는 게 있습니까? 천부적 인권이란 우리가 있다고 믿기 때문에 있는 겁니다. 우리의 주관적 생각과는 상관없이 존재하는 인권, 그런 것은 없습니다. 그런데도 우리는 인권이 있다고 믿습니다. 그런 믿음을 가지고 어마어마한 규모의 공동행동을 조직합니다. 인권을 보장하기 위해서 헌법과 법률을 만들고, 때론 수백만 명이 거리로 나와서 목숨을 걸고 싸웁니다.

존재하지 않는 것을 존재한다고 믿으면서 그에 대한 생각과 감정을 언어로 표현하고 소통해 크고 작은 공동행동을 조직하는 능력을 가진 종은 현재까지는 호모 사피엔스밖에 없습니다. 적어도 지구에 출현한 종 가운데서는요. 많은 이들이 관심을 가지는 UFO(미확인비행물체)가 정말로 다른 천체에서 온 지성적 생물의 것이라면, 지구 밖에는 그런 종이 있다고 해야겠지만 아직은 증거가 없습니다.

언어를 사용하는 종이 호모 사피엔스뿐인 것은 아닙니다. 원숭이, 새, 산양도 실제로 존재하는 대상에 대해서는 언어로 무엇인가 의사표시를 할 수 있습니다. '사자가 나타났다.' '저기 표범이 있다.' '매가 떴어!' 이런 메시지를 격한 몸짓, 날카

로운 소리, 높은 도약으로 표현합니다. 그렇지만 어떤 동물도 신이 있다는 말을 하지는 못해요. 아주 많은 개체들이 실제로는 존재하지 않는 어떤 것을 존재한다고 믿으면서 언어로 소통해 협력행동을 하거나 혁명을 조직할 수 있는 능력, 이게 바로 인지혁명이 만들어낸 기적입니다. 호모 사피엔스는 바로 그런 점에서 경쟁력이 있었기 때문에 다른 종의 호모들을 밀어냈고 거대 포유류를 거의 다 멸종시켰다는 겁니다. 저는 인지혁명 이야기가 매우 그럴듯하다고 생각합니다.

인지혁명의 핵심은 언어입니다. 사람들은 보통 생각이나 감정이 먼저고 언어는 그것을 표현하는 수단에 지나지 않는다고 생각합니다. 하지만 언어는 단순한 수단이 아닙니다. 생각하고 감정을 느끼는 데 필요한 조건이기도 합니다. 언어가 없으면 생각 자체를 할 수가 없어요. 내가 무슨 생각을 하는지 스스로 인지할 수 없기 때문이지요. 감정을 느끼는 데도 언어가 필요합니다. 분노, 사랑, 연민, 복수심, 어떤 것이든 마음속에 어떤 감정이 일어날 때 그게 뭔지 인식하려면 그 감정을 나타내는 말을 알아야 하니까요.

자기의 생각과 감정이 무엇인지 정확하게 알아야 말과 글로 표현할 수 있습니다. 그러려면 무엇보다 먼저 그 생각과 감정을 나타내는 어휘를 알아야 합니다. 글을 잘 쓰고 싶어서 문장 공부를 열심히 해도 아는 어휘가 적으면 글이 늘지 않습니다. 사용할 수 있는 어휘의 양을 늘리는 것이 글쓰기의 기본이에요. 아무리 멋진 조감도와 설계도가 있어도 건축자재가 없으면 집을 지을 수 없는 것처럼, 어휘가 부족하면 생각과 감정을 글로 쓸 수 없어요. 그래서 글을 잘 쓰고 싶다면 먼저 어휘를 늘리라고 권하는 겁니다.

구사할 수 있는 어휘의 양이 생각의 폭과 감정의 깊이를 결정합니다. 자기 자신과 인간과 사회와 역사와 생명과 자연과 우주에 대한 이해의 수준을 좌우합니다. 어휘의 중요성은 아무리 강조해도 지나침이 없어요. 그런데 우리 사회에는 괴상한 편견이 있더군요. 풍부한 어휘를 구사해 논리적이고 실감나게 이야기하는 사람을 그리 좋게 보지 않아요. 말을 잘하는 사람은 믿기 어렵다는 겁니다. 반면 지극히 단순한 어휘를 반복 사용하면서 논리적으로 반박하기 어렵도록 모호하고 추상적으로 말하면 '간결어법'이라고 칭찬합니다. 생각이 얕고 감정이 메말라서 할 말도 적고 표현하는 능력도 없는 사람을 두고 '말이 적고 진중하다'고 하죠. 저는 이것이 일종의 '반지성주의'라고 생각합니다. 심지어는 '말 많으면 공산당'이라는 '말 같잖은 말'이 통용되기까지 합니다.

어휘 부족과 문장의 단조로움은 지적 수준이 낮고 공감 능력이 부족하다는 것을 보여주는 증거입니다. 제대로 된 문명국가의 정치 지도자들 중에 말을 잘하지 못하는 사람 보셨나요? 진보든 보수든 다들 말을 잘합니다. 미국 정치가를 보면 민주당의 클린턴(Clinton) 부부와 버니 쌘더스(Bernie Sanders)는 물론이요 막말로 악명 높은 공화당의 도널드 트럼프(Donald Trump)도 말을 얼마나 찰지게 하는지 모릅니다. 십육년 동안 집권하면서 통일을 이룬 독일 보수 기민당의 헬무트 콜(Helmut Kohl) 총리도 할 줄 아는 언어가 독일말 하나뿐이었고 눌변으로 유명했지만 연방의회에서 토론할 때는 정책 쟁점에 대해서 오해의 여지가 없을 정도로 명확하게 자신의 견해를 밝히곤 했습니다. 일국의 대통령이 토론다운 토론이나 기자회견을 하지 않은 것은 단순히 말을 잘하지 못해서가 아닙니다. 사전에 짜놓은 각본 없이 누군가와 토론하는 데 필요한 지식과 철학이 없어서 그런 겁니다. 야박해 보인다 해도 진실을 말하자면 그렇게 진단할 수밖에 없습니다.

어휘를 늘리는 사실상 유일한 방법이 독서입니다. 글쓰기를 주제로 한 모든 강연에서 저는 이것을 강조합니다. 『토지』

『자유론』『코스모스』『사피엔스』『시민의 불복종』처럼 풍부하고 정확한 어휘와 명확하고 아름다운 문장을 구사한 책을 다섯번 열 번 반복해서 읽는 거예요. 읽고 잊고, 다시 읽고 잊고, 또 읽고 잊어버리고, 그렇게 하다보면 자신도 모르는 사이에 집을 지을 수 있는 건축자재를 가지게 됩니다.

그렇지만 고등학생이 대학입시 공부하듯이 책을 읽지는 마십시오. 흥미가 없는데도 입시를 위해 공부하면 행복하지 않지만 좋아하는 책을 읽으면 행복합니다. 행복해지는 책 읽기! 그게 중요합니다. 자기한테 맞는 책을 읽어야 해요. 교양인의 필독도서 목록, 뭐 그런 것에 주눅 들어 끌려다니지 마시고요.

여러분은 혹시 그런 경험이 있으신가요? 책 읽다 말고, 도저히 계속 읽을 수가 없어서, 읽던 책을 가슴에 댄 채 '아' 하고 한숨을 내쉬는 경험 말입니다. 여자분들이 보통 그렇게 하지요. 이런 순간을 자주 경험하셔야 합니다. 감정이 너무 강하게 일어나서, 그걸 가라앉히기 전까지는 텍스트를 더 읽어갈 수 없는 그런 순간을 누리자는 겁니다. 저는 이것이 공부와 독서의 '결정적 순간'이라 믿습니다. 남자들은 조금 다르게 행동하더군요. 책을 가슴에 붙이는 게 아니라 읽던 페이지가 아래로 향하게 엎어둡니다. 위를 보면서 한숨을 '후' 내쉰 다음, 창문

을 열거나 마당에 나가서 담배를 물어요. '끊어야 할 텐데……'
이러면서요. 그렇게 감정을 추스르고서는, '대박이야' 이러면
서 또 책을 봅니다. 바로 이거예요. '결정적 순간'!

　이런 순간을 체험하지 못하는 인생은 불행한 겁니다. 일
년에 책을 한권도 안 읽고 사는 사람이 많다는 것은 불행한 사
람이 많다는 증거입니다. 청소년과 어린이들이 책을 읽는다니,
그나마 다행이긴 합니다. 어른들이 독서를 하지 않는다는 건
안타까운 일입니다. 읽던 책을 가슴에 대고 한숨을 푹 내쉬면
서 느끼는 벅찬 감정을 모르고 사는 것이니까요. 여러분은 그
기쁨을 절대 놓치지 마시기 바랍니다.

　이 정도로 지나가려니 좀 아쉬워서, 제게 그런 '결정적 순
간'을 선사했던 글을 하나 가져왔습니다. 헨리 데이비드 소
로우(Henry David Thoreau), 아시죠? 이백여 년 전 미국 매
사추세츠 주 콩코드 시의 월든 호수에서 통나무집을 짓고 살
았던 사람, 마하트마 간디(Mahatma Gandhi)와 마틴 루서 킹
(Martin Luther King) 목사에게 영감을 주었던 지식인입니다.
『월든』과 『시민의 불복종』이라는 책이 널리 알려져 있지요. 우
리나라에서 『시민의 불복종』이라는 제목으로 묶여 나온 책에
짧은 에세이가 여러 편 들어 있는데, 그중에 '낙엽들'이라고 제

목을 붙인 글이 있습니다. 거기서 한 단락을 가져왔는데요, 번역이 조금 불편해서 제 맘대로 손을 보았기 때문에 책하고는 살짝 다르다는 점 미리 말씀드립니다.

작은 호두나무가 들어 있는 숲은 병사들이 명령에 따라 일제히 총을 내려놓듯 한순간에 잎을 다 떨구어 버린다. 호두나무 낙엽은 마르긴 했어도 아직 밝은 노란색을 지니고 있어서 땅바닥에서 선명하게 빛을 반사한다. 가을이 마법의 지팡이를 조심스레 갖다대자 마치 비가 내리는 것처럼 소리를 내며 잎사귀가 사방에서 떨어져 내린 것이다.

어떻게 하면 이런 글을 쓸 수 있을까요? 난 왜 이렇게 쓰지 못하는 걸까, 하는 탄식이 절로 납니다. 읽는 것만으로도 행복한데 쓸 수 있다면 얼마나 좋을까! 그런 생각을 하면서, 시늉이라도 낼 능력을 기르는 방법에 대한 이야기로 넘어가겠습니다.

하루 한 문장,
말하는 것처럼

저는 책을 낼 때마다 저자 싸인 문구를 새로 만듭니다. 2015년에 낸『유시민의 글쓰기 특강』에는 '하루 한 문장'이라고 썼지요. 하루 한 문장이라도 쉬지 않고 글을 쓰라고 권한 겁니다. 그렇습니다. 훌륭한 책을 읽어서 어휘를 늘리는 것만으로는 충분하지 않습니다. 글을 쓰면서 실제로 써먹어봐야 자기것이 되거든요. 그래야 소로우처럼 멋진 문장을 쓸 가능성이 생깁니다.

사람은 한순간도 생각하지 않거나 느끼지 않으면서 살지 못합니다. 책을 읽고, 일을 하고, 신문 방송을 보고, 친구와 어울리고, 산을 오르고, 낚싯대를 편 채 물가에 앉아 있고, 그럴 때도 우리는 무엇인가를 느끼고 생각합니다. 그런데 그 생각과 감정은 머물러 있지 않아요. 쉼없이 생겨나고 모양과 색깔을 바꾸며 흘러가고, 금방 사라지죠. 문자 텍스트로 붙잡아두지 않으면 흔적조차 남지 않습니다. 구름처럼 잠시 떠올랐다가 흩어지고 맙니다. 잠깐 느끼거나 생각한 것만으로는 내 것이라고 할 수 없다는 겁니다.

'아까 무슨 생각이 떠올랐는데, 중요한 것이어서 꼭 기억해두려고 했는데, 그런데 그게 뭐였더라?' 이런 경험들 있으시죠? 젊은 분들은 아직 모를 수도 있지만 언젠가는 겪게 될 겁니다. 제 나이쯤 되면 일상이라고 할 수 있죠. 샤워하는 중에 번쩍 아이디어가 떠오르면 정말 곤란합니다. 얼른 물기를 닦고 나가서 메모지를 찾습니다. 그런데 펜을 쥐고 적으려는 순간 '뭐였지?' 하게 돼요. 이럴 땐 그저 불운을 탓할 도리밖에 없지요.

공부는 단순히 지식을 얻는 작업이 아닙니다. 오감으로 직접 경험하거나 신문, 방송, 책을 통해서 간접 체험하는 모든 것에서 정보, 지식, 생각, 감정을 읽어내어 교감하고 공감하고 비판함으로써 인간과 세계를 이해하고 자신의 삶을 만들어나가는 것이 공부입니다. 이렇게 해나가는 과정에서 글쓰기를 게을리하면 공부의 축 하나가 빠지는 겁니다.

글쓰기를 두려워하지 마십시오. 아는 게 많으면 글쓰기에 도움이 되지만 아는 게 많다고 해서 반드시 글을 잘 쓰는 건 아니에요. 아는 것이 적으면 불리하지만, 그렇다고 해도 글을 쓰지 못할 이유는 없습니다. 저마다의 수준에서 저마다의 스타일로 글을 쓸 수 있어요. 하루 한 문장이라도 꾸준히 쓴다면 말입니다.

말 그대로 날마다 쓰라는 건 아닙니다. 한 문장도 쓸 수 없는 날이 있어요. 저도 그렇습니다. 가끔은 밥 먹고 자는 시간 빼고 종일 글을 쓰기도 하지만 어떨 때는 열흘 넘게 전혀 쓰지 않을 때도 있습니다. '하루 한 문장'은 느끼고 생각한 것을 글로 옮기겠다는 의지를 가지고 살자는 말입니다.

제가 홍보 전문가를 몇 분 알고 지냅니다. 깨어 있는 모든 시간에 광고 카피를 생각하는 진짜 프로들이지요. 그분들은 대개 스마트폰을 이용하더군요. 우리가 쓰는 스마트폰은 컴퓨터, 텔레비전, 카메라, 녹음기, 전화기를 다 합쳐놓은 겁니다. 문서를 작성할 수도 있고 그림도 그릴 수 있어요. 그분들은 술 마시면서 잡담을 나누다가도 귀가 번쩍 열리는 말을 들으면 곧바로 스마트폰에 적더군요. 그림으로 그리기도 하고요. 그러면서 물어봅니다. "방금 말한 게 정확하게 어떤 워딩이었지?" '워딩'이라는 외국어가 거슬리지만, 저는 그럴 때 선선히 대답합니다. 또박또박 말로 들려주는 것이죠. 이런 식으로 자신의 생각이나 감정, 들은 말, 본 것을 문자로 기록하는 게 바로 '하루 한 문장'

입니다.

　스마트폰보다는 수첩을 권합니다. 손바닥에 쏙 들어오고 손가방이나 호주머니에 넣고 다녀도 될 만큼 조그만 스프링 수첩 말입니다. 그걸 가지고 다니면서 무엇이든 토막토막 기록하시라는 겁니다. 가수 박진영 씨가 씽어송라이터를 꿈꾸는 청년한테 하는 말을 들었는데, 작곡이나 작문이나 원리는 비슷하더군요. 노래를 만들고 싶다고 해서 무작정 피아노 앞에 앉지는 말라는 겁니다. 무언가 아이디어가 있을 때, 하고 싶은 말이나 표현하고 싶은 감정이 구체적으로 떠오를 때 하라는 겁니다. 그런 것 없이 무작정 피아노 앞에 앉아봐야 아무 소용이 없다고 하더군요. 글쓰기도 그렇습니다. 책상 정리하고 컴퓨터 켜고 의자에 앉는다고 해서 글이 써지는 게 아니에요. 어떤 주제로 어떤 내용을 쓰고 싶다는 생각이 구체적으로 손에 잡힐 듯 떠오를 때 글을 써야 합니다. 그런 게 없으면 밤새 앉아 있어도 아무 소용이 없어요.

　글을 잘 쓰고 싶다는 생각이 간절하다면 수첩을 지니고 다니십시오. 지하철이나 버스에서 스마트폰을 열지 마십시오. 고개를 들고 귀를 열어 거리 풍경과 주변 사람을 관찰하고 도시의 소음을 들으십시오. 눈으로 보고 귀로 듣고 마음으로 느끼고 머리로 생각하는 것을 수첩에 문자로 옮기는 겁니다. 주제가 특별하지 않아도 되고 문장을 완성하지 않아도 괜찮습니다. 한 쪽이 메모로 빼곡해지면 귀퉁이에 일시를 적은 다음 떼서 따로 보관하는 게 좋아요. 그렇게 시간이 지나다보면 떼놓은 메모지가 쌓일 겁니다. 가끔씩 메모해놓은 것을 보면서 그 메모를 작성했을 때의 상황과 그렇게 메모한 이유를 다시 생각해봅니다. 비슷한 내용이 있으면 한데 모아 비교하고 종합해봅니다. 그러면 자신이 어떤 문제에 관심을 가지고 사는지 보입니다.

메모가 쌓이면 비슷한 것을 모아 글 한꼭지를 쓰고, 디렉터리를 만들어 컴퓨터에 저장합니다. 그렇게 한달, 두달, 일년, 이년, 글을 차곡차곡 쌓으면 됩니다. 완벽하고 아름다운 문장을 쓰려고 너무 애쓰지 마시기 바랍니다. 아름답지 않아도 말하려고 한 것이 제대로 전해지는 글이면 충분합니다. 아름다움은 그다음 과제로 남겨두십시오. 앞에서 소개해드린 소로우의 문장처럼 독자를 '심쿵'하게 만드는 수준까지 올라갈 수도 있습니다. 물론 보장은 없지만요. 하지만 거기까지 가지 못하면 또 어떻습니까? 우리 인생, 가고 싶은 방향으로 갈 수 있는 데까지 가기만 해도 충분히 의미가 있지 않을까요?

마무리를 해야겠습니다. 지금까지 저의 공부론을 참고 읽어주신 데 보답하고 싶어서 잘못 쓴 문장을 가려내는 팁을 하나 드릴까 합니다. 뭐, 사실 그리 특별할 것도 없는, 누구나 다 알 만한 것이지만, 그래도 혹시 도움이 될 수도 있지 않나 싶어서 말씀드립니다.

언어는 말과 글인데, 말이 글보다 먼저입니다. 호모 사피엔스가 말로 의사소통한 건 수십만 년 되었지만 글로 소통하기 시작한 것은 몇 천 년 정도밖에 되지 않아요. 누구나 글을 읽고 쓴 것은 몇 백 년도 안 되고요. 그래서 글이 아니라 말이 기본이라는 겁니다. 저는 말에 가까운 글일수록 잘 쓴 글이라고 생각합니다. 내가 문장을 제대로 썼나? 이게 제대로 된 글인가? 혼자 글을 쓰다보면 이런 의문이 들죠. 그럴 때는 소리 내어 읽어보십시오.

입으로 소리를 내기 편하고 귀로 들어서 거슬리지 않고 뜻이 말하는 것처럼 잘 전해지면 잘 쓴 겁니다. 발음하기 어렵고 귀에 거슬리는 소리가 나고 뜻이 분명하게 나타나지 않으면 문제가 있는 것이고요. 소리 내서 읽어보면서 소리 내기 편하고 듣기 좋고 뜻이 분명해지도록 고쳐나가면 됩니다. 자꾸 그렇게 하다보면 저절로 문장이 좋아집니다. 믿고 해보시기 바랍니다.

얼마 전에 어떤 독자가 블로그에 올린 서평에서 이렇게 주장한 것을 보았습니다. "『청춘의 독서』는 문장이 쉽고 간결해서 읽기는 좋은데 유시민한테서 「항소이유서」와 같은 명문(名文)을 볼 수 없게 된 게 아쉽다." 이 독자는 문장에 대해서 저와는 크게 다른 견해를 가지고 있습니다. 문장만 본다면 「항소이유서」는 졸작입니다. 턱없이 긴 만연체 문장을 늘어놓았고, 공연히 어려운 한자말을 남용했으며, 곳곳에서 일본말처럼 조사를 겹쳐 썼고, 번역서에 흔히 나오는 영어식 피동문을 숱하게 썼거든요. 억울하게 징역을 살다보니 그랬는지 절실하게 마음을 전하는 데는 어느 정도 성공했지만 잘 쓴 우리말 문장은 아니었습니다. 괜한 겸양이 아니에요. 정말입니다. 그런 문장을 저는 다시는 쓰지 않을 겁니다. 여러분이 혹시라도 그 글을 읽으신다면 문장만큼은 절대 따라하지 마시기 바랍니다.

책 읽고 글 쓰고 생각하고 느끼면서, 여러분 각자 자기답게 살아가시기를 기원합니다.

묻고 답하기

책을 많이 읽고 싶은데 쉽지 않습니다.
책을 많이 읽는 비법이 있다면 무엇일까요?

질문하신 분, 혹시 여행 좋아하세요? 여행 좋아하는 사람이 지구의 모든 도시에 다 가봐야 되는 건가요? 아니겠죠. 모든 곳을 다 가볼 수는 없잖아요? 억만금이 있어서 문제없이 비용을 조달할 수 있다고 해도, 지구의 모든 도시를 다 가기에는 우리 인생이 너무 짧아요. 그래서 '인생은 너무 짧은 여행'이라는 말이 있는 겁니다. 여행할 시간이 너무 짧다면 어디를 가시겠어요? 가고 싶은 곳을 원하는 방법으로 가는 게 정답입니다. 그러니 가보고 싶은 곳을 되도록 많이 가는 것, 그 정도가 여행을 좋아하는 사람에게는 최선이겠죠. 무조건 많은 도시를 다니는 것을 목표로 삼는다면? 다들 어리석다고 할 겁니다.

광화문에 있는 교보문고 가보셨나요? 거기 말고도 소위 대형서점이 많으니 어디든 괜찮습니다. 그런 데 가면 어떤 생각이 듭니까? 저는 겸손하게 처신해야겠다는 생각이 들어요. '세상에는 책이 이렇게나 많은데, 내가 그중에서 얼마를 읽은 거야? 내가 아는 지식은 참 보잘것없어!' 그렇게 주눅이 듭니다. 그렇지만 저 많은 책들을 다 읽고 말겠다는 결심 같은 건 절대 하지 않습니다. 왜요? 우리 인생이 너무 짧아서 다 읽을 수가 없다는 걸 아니까요. 그러면 어떡하죠? 정답은 읽고 싶은 책을 읽는 겁니다. 가고 싶은 곳을 여행하는 것이 정답인 것과 똑같습니다. 읽고 싶은 책을 되도록 많이 읽는 것, 그 정도가 책을 좋아하는 사람에게는 최선입니다.

　무작정 다독을 권하는 것은 낡은 고정관념 때문이라고 생각합니다. 옛말에 그런 게 있죠. '남아수독오거서(男兒須讀五車書)!' 우선 '남아'는 '인간'으로 고쳐야겠죠? 그때는 여자가 글을 배울 수 없었던 시대여서 그랬던 것이니까요. 다섯 수레 분량의 책은 요즘 기준으론 별것 아닙니다. 책이 귀하던 시절, 그리고 성현의 책을 읽고 필요할 때 관계있는 문장을 인용할 수 있어야 지식인으로 행세할 수 있던 시대였으니까 많이 읽고 암기하는 게 절대적으로 중요한 목표일 수 있었던 것이죠. 지금은 어떤가요? 옛 성현의 말씀을 인용하는 능력은 별로 중요하지 않아요. 자기 머리로 생각해서 새로운 지식과 정보를 생산하거나 남이 만든 지식을 창의적으로 활용하는 능력이 중요하지요.

많이 읽으면 좋긴 하지만 무작정 많이 읽는 것을 목표로 삼는 건 어리석은 일입니다. '1년에 100권 읽기' 같은 목표를 세우는 분들이 계신데 절대 그러지 마세요. 뭐하러 그럽니까? 100권을 읽으나 90권 또는 50권을 읽으나 무슨 차이가 있게요? 깊이 공감하는 순간이 한번도 없다면 100권을 읽어도 읽으나 마나예요. 독서에서 중요한 것은 양이 아니라 '맛'입니다. 한권이라도 음미하면서 읽고 행복한 상상을 하는 게 그런 것 없이 100권을 읽는 것보다 낫습니다. 다독 그 자체를 목표로 삼는 게 어리석은 것처럼, 속독하려고 애쓰는 것도 어리석은 일입니다. 좋은 책은 천천히 아껴가면서 읽어야지요. 맛난 음식을 음미하면서 천천히 씹어 먹는 것처럼요.

제 생각을 요약해보겠습니다. 책을 많이 읽는 비법이 있는지는 모릅니다. 그러나 그런 게 있다고 해도 권하지 않겠습니다. 사는 데도 공부하는 데도, 그런 비법은 필요 없으니까 말입니다.

어떻게 하면 아이를
자연스럽게 공부로 이끌 수 있을까요?

이 질문은 여러가지로 해석할 수 있습니다. 좁은 의미로 해석하고 대답하지요. 학교 공부, 입시 공부, 조금 넓히면 이 험한 세상을 자기 힘으로 살아가는 데 필요한 지식과 기능을 체득하기 위한 활동을 공부라고 하겠습니다. 아이들이 이런 의미의 공부를 스스로 열심히 하기를 바라는 마음, 부모라면 다 가지고 있을 겁니다. 저도 마찬가지고요.

자식 기르는 부모로서 제가 스스로를 위로하는 말이 있습니다. 자식이 왜 있느냐? 세상사 마음대로 되지 않는다는 걸 가르쳐주려고 자식이 있는 거랍니다. 공부를 잘하든 그렇지 않든 다 그렇다는군요. 고마운 분들이지요! 그렇습니다. 우선 이렇게 생각하면서 아이들을 위해서 무엇을 해줄 수 있고 해주어야 하는지 부모로서 고민해야 합니다. 일반적인 해법은 저도 모릅니다. 제가 쓰는 소박한 방법밖에는 말씀을 못 드리겠어요. 그

건, 부모가 열심히 공부하면서 사는 겁니다. 아이들이 배우기를 바라면서 말이죠.

저는 좀 유리한 편입니다. 직업이 글 쓰는 일이니까, 집에서 책을 볼 때가 있습니다. 아내는 수학을 전공했는데, 집에서 심사 의뢰받은 논문을 읽거나 강의 준비를 하곤 했습니다. 둘 다 책을 좋아하는 편이라 거실과 식탁, 서가에 온갖 책이 널려 있습니다. 딸은 어릴 때부터 책을 좋아했고 공부도 열심히 했습니다. 반면 아들은 그다지 책을 좋아하는 편이 아니었습니다. 아들이 고등학생이 되었을 때 이렇게 말해 주었습니다. '우리가 너를 너무 늦게 낳은 탓에 오래 함께 살아줄 수가 없고, 그래서 너는 부모 없이 살아야 하는 시간이 길다. 미안하지만 열심히 좀 해야겠다. 살벌한 경쟁사회에 던져놓아서 더 미안한데, 별로 의미 없어 보이는 내용이라고 해도 삼년만 꾹 참고 남들 하는 것처럼 공부하면 안 되겠니?' 그래서인지는 몰라도 고등학교 들어간 후로는 열심히 공부했고, 대학에 가서도 공부에 집중하더군요.

이렇게 말하고 보니 제가 이 질문에 대답할 자격이 있는지 의심이 듭니다. 그래도 부모가 열심히 공부하면서 살면 그렇지 않은 경우보다는 자녀한테 좋은 영향을 줄 수는 있는 것 같긴

합니다. 저는 종일 글을 쓰거나 멀리 지방 강연을 갔다 온 날 저녁에는 아무것도 하기 싫어집니다. 소파에 드러누워 텔레비전 리모컨을 만지작거리곤 하죠. 아내가 지청구를 했지만 말을 듣지 않았습니다. 그랬더니 아내가 어느 날 안방에 작은 텔레비전을 들여놓았습니다. 아들이 고등학교에 다니던 동안에는 안방에서만 텔레비전을 봤습니다. 최선을 다하는 것 말고는 다른 비법이 없는 것 아닌가 생각합니다.

제 대학 전공은 경제학입니다. 대학에서 경제학을 배웠고, 독일 유학 가서 경제학을 더 공부했죠. 지금 와서 생각하면 전공 선택을 잘못했던 것 같아요. 그 공부가 사는 데 얼마나 도움이 됐는지를 떠나서, 제가 훨씬 더 즐겁게 공부할 수 있는 분야가 여럿 있었는데 그때는 그걸 몰랐어요.

어릴 적부터 몇 가지 의문이 있었습니다. 인간과 세상에 대한 의문이었죠. 지금 보면 단순한 문제일 수도 있는데, 그땐 그렇지 않았습니다. 예컨대 '아름다움은 대상의 속성인가, 아니면 그 대상을 바라보는 내 의식의 속성인가?' 하는 의문입니다. 대학교 2학년 때 이 문제를 가지고 친구랑 며칠간 이야기했던 기억이 나요. 지적인 흥미를 일으키는 질문이긴 하죠. 물론 형식적인 답을 갖고 있긴 합니다. 양쪽 모두의 속성이라는 것이죠. 그런데 가끔은 그것도 답이 아니지 않나 하는 회의에 빠지기도 합니다. 그 다음 의문은 '인간은 어떤 존재냐? 악한 존재냐 선한 존재냐?' 하는 거였어요. 훨씬 더 어렸을 때부터 가졌던 의문입니다. 이것도 어느 정도 절충적인 답을 갖고 있다고 믿었는데, 요즘에는 그마저 흔들리는 걸 느낍니다.

경제학을 전공한 경위는 좀 우스꽝스러운데, 대학에 들어갈 때는 법대를 가서 판사가 되려고 했어요. 사회계열이라고 해서 지금의 사회과학대, 경제학부, 법대, 경영학부 신입생을 다 한꺼번에 뽑았어요. 2학년 될 때 학과를 정하는 겁니다. 그런데 그때가 유신시대여서, 판사가 되면 독재자의 하수인 노릇을 해야 할 것 같았어요. 박정희 대통령이 아직 젊었기 때문에 한 이십년은 더 유신체제가 지속될 거라고 생각했죠. 법대를 가지 않으려면 다른 학과를 선택해야 하는데, 부모님한테 가장 쉽게 설명할 수 있는 게 경제학과였어요. "커트라인 제일 높고 졸업하면 취직도 제일 잘 됩니다." 그렇게 말입니다.

독일 가서 경제학 석사학위를 한 것도 그래요. 아내가 넓은 세상 보고 싶다고 유학을 가자고 해서 따라갔습니다. 학부 전공이 경제학이라 거기서도 경제학을 했죠. 열심히 하기는 했지만 적성에 맞지 않는 공부라 큰 재미는 없었습니다. 역사학과나 철학과, 언어학과, 이런 데 갔더라면 좋았을 건데 사회계

열은 그런 학과로 갈 수 없었죠. 지금 선택한다면 역사학을 할 것 같습니다.

　역사와 정치를 공부한 것은 대학 다닐 때, 그리고 학교에서 잘려 밖에서 활동할 때, 민주주의 국가들은 어떻게 해서 민주주의도 하고 경제적으로도 잘살게 되었는지 알아보려고 하다가 그렇게 되었어요. 프랑스대혁명, 러시아혁명, 중국혁명, 베트남전쟁사, 독일혁명사, 온통 그런 '못된 것'을 공부했죠. 어떻게 하면 우리나라를 민주주의 국가로 만들 수 있을까? 그 방법을 알아내는 게 공부의 목적이었어요. 하다 보니 레닌, 마오 쩌둥, 티토, 뭐 그런 사회주의 혁명가들이 쓴 책과 논문도 많이 읽었는데, 지나고 보니 남은 건 별로 없습니다.

　1987년 민주화가 시작된 후에는, 나이가 들었으니까 사회적 의미도 있고 먹고살 방편도 되는 일을 찾아야 했어요. 그런데 이십대 시절에 '배운 도둑질'이 그런 것뿐이어서, 조금이라도 아는 걸 가지고 살아야 하니까 역사, 정치, 경제 등등 분야를 가리지 않고 글을 쓰게 되었습니다. 제가 그런 분야를 선택했다기보다는, 그냥 '닥치는 대로' 열심히 살다보니 그렇게 된 겁니다. 별로 권할 만한 인생은 아니었다고 생각합니다.

저는 내놓을 만한 전공분야가 없는 사람입니다. 이것저것 남들보다 다양한 일을 해보았고 대충 어느 정도는 했다고 생각하지만, 제대로 한 것은 하나도 없어요. 그렇지만 '먹물'인 건 확실합니다. 궁금한 게 있으면 자료를 찾고 책을 읽으니까요. 저는 고등학생 때 문과를 택한 이후 쭉 인문학과 사회과학만 공부했고 그런 쪽 주제로 글을 썼어요. 그런데 요즘 제가 한 공부에 대해서 불만이랄까, 아니면 불만족이랄까 그런 감정을 느낍니다. 왠지 제가 되게 무지한 것 같아서요.

저는 문학, 철학, 역사학, 사회학을 비롯한 소위 인문학이 인간을 이해하는 것을 목적으로 삼는 학문이라고 들었고, 그렇게 믿고 공부했습니다. 그런데 요즘 들어 무언가 잘못되었다는 생각이 듭니다. 인간과 사회에 대해서 제가 가졌던 의문을 철학이나 역사학이 해결해주지 못하는 거예요. 그러던 차에 동물행동학 연구하는 최재천 선생님 책을 읽다가 에드워드 윌슨(Edward Wilson)이 쓴 『통섭』이라는 책을 알게 되었죠. 윌슨은 앞으로 인문사회과학이 사회생물학의 하위분야가 될 거라고 하더라고요. 이게 무슨 소리야, 하면서도 사실은 되게 큰 충격을 받았습니다.

인문학도들은 인간의 본성과 삶의 의미를 알고 싶어서 온갖 고전을 읽습니다. 지금도 지식인들이 청소년들한테 그런 책을 권하고 있죠. 아리스토텔레스, 플라톤, 공자, 맹자, 노자, 장자, 칸트, 프로이트, 맑스, 니체, 뭐 그런 '위대한 철학자'들이 쓴 책 말입니다. 물론 이런 분들이 나름대로 인간과 삶의 본질적인 문제들에 대해서 여러 해답을 들려줍니다. 그런데 명백한 한계가 있어요. 그 모든 대답이 관찰과 사색에서 나왔다는 것이죠. 그들은 인간이 '물질적으로' 어떤 존재인지 모르는 상태에서 관찰로 얻은 빈약한 정보를 토대로 인간을 이해하고 설명하는 가설을 세웠다는 말입니다.

이것은 고대와 중세의 중국의학이나 한의학이 봉착했던 한계와 비슷합니다. 서양의학도 원래는 마찬가지였죠. 몇백년 전만 해도 우리는 세균과 바이러스 같은 미생물이 질병을 일으킨다는 사실을 몰랐습니다. 물론 그런 상태에서도 관찰과 임상

연구를 통해서 질병을 물리치는 방법을 찾았습니다. 그래서 한계가 명확했지요. 현미경을 만들지 않았다면 아직도 우리는 세포나 미생물의 존재를 모르고 있을 겁니다. 미생물을 발견하기 전과 후의 의학은 확실히 다릅니다.

인문학은 그보다 더 심각합니다. 몇십 년 전만 해도 우리는 우리의 뇌를 이해하지 못했습니다. 뇌의 구조와 작동방식을 몰랐어요. 알 방법이 없었기 때문이죠. 해부학의 방법으로는 뇌를 알 수 없습니다. 게다가 살아 있는 뇌는 해부를 할 수도 없어요. 관찰과 임상을 통해서 뇌가 수행하는 역할을 어느 정도 파악했고 특정 뇌 부위가 특정한 역할을 한다는 사실을 알아냈지만, 뇌가 어떤 방식으로 그 일을 해내는지는 몰랐습니다. 지난 세기 막바지에 과학자와 엔지니어들이 MRI(핵자기 공명장치)와 PET(양전자 방출 단층촬영) 같은 첨단 진단장비를 발명했고, 뇌 연구자들은 그런 장비 덕분에 처음으로 살아 있는 사람의 뇌가 작동하는 방식을 들여다볼 수 있게 되었어요. 그들은 뇌 지도를 완성했고, 뇌 신경세포가 어떤 방식으로 전기적·화학적 신호를 주고받는지 알아냈습니다. 물론 뇌의 비밀은 그 일부만 봉인이 해제되었을 뿐입니다. 앞으로 과학자들은 뇌가 우리의 생각과 감정과 행동을 관장하는 방식에 대해서 더

놀라운 사실을 계속 밝혀낼 것입니다.

문명이 생긴 후 수천 년 동안 우리는 뇌의 구조와 작동방식을 모르는 상태에서 인간의 본성과 심리와 행동양식을 해명하려고 애써왔습니다. 과학적 사실이 아니라 사실 여부가 확인되지 않은 가정에 입각해서 여러 가설을 세웠던 것이지요. 그래서 지금까지 오랜 세월 동안 진리라고 믿었던 것조차 명백하게 밝혀진 과학적 사실 때문에 뿌리가 흔들리고 있는 겁니다. 저는 전통적인 인문학이, 과학자들이 인간에 대해서 알아낸 새로운 사실에 비추어 기존의 모든 가설과 이론을 다시 점검하고 다시 구축해야 한다고 믿습니다.

저는 요사이 전통적인 인문서보다 과학 교양서를 더 많이 읽습니다. 과학 전문서적이나 논문은 읽을 능력이 없지만 교양서는 어느 정도 따라갈 수 있거든요. 그런 책을 읽으면 저 자신에 대해서 더 잘 알게 됐다는 만족감이 듭니다. 전통적인 철학책, 문학책, 역사책은 검증되지 않은 가설만 다루는 것 같아서, 고등학생 때 이과로 갈 걸 잘못했나 하는 후회가 들기도 합니다. 수학을 못해서 문과를 갔는데, 알고 보니 이과에도 수학을 못해도 되는 분야가 있더군요. 어릴 때는 그걸 몰라서 수학 못하면 무조건 문과 가야 하는 줄만 알았는데 말입니다.

최재천 교수님은 저하고 반대로 원래 문학을 하고 싶었는데 부모님의 권유로 이과를 택했다고 합니다. 그렇지만 인문학과 글쓰기에 대한 꿈을 버리지 않았고, 결국 이과에서도 인문학과 가장 가까운 전공을 찾았어요. 그게 바로 생물학, 생물학 중에도 인문학과 가장 가까운 동물행동학이었던 것이죠. 이렇게 재밌는 줄 진작 알았다면 저도 생물학과를 갔을지도 모르겠습니다.

말씀드린 것처럼 저는 요즘 전통적 인문학이 어떤 방식으로 최신의 과학적 연구 결과를 흡수하고 반영하고 활용할 것인지 관심을 가지고 지켜보는 중입니다. 강연할 때 소개했던 책 『사피엔스』는 그래서 반가웠어요. 유발 하라리 박사는 중세사 연구로 학위를 받았지만 천체물리학, 지질학, 양자역학, 진화생물학, 뇌과학, 유전학, 고고인류학 등 인간과 우주의 역사를 이해하는 데 필요한 모든 분야의 과학적 연구 성과를 섭렵한 것으로 보입니다. 정말 뛰어난 재능을 가진, 그리고 공부와 글쓰기를 즐기는 지식인이 아닌가 생각합니다. 『사피엔스』는 제가 전문 역사연구자라면 꼭 쓰고 싶어 했을 그런 책이었습니다.

과학 교양서는 읽는 것 자체가 재미있습니다. 자연과 인간에 대해 새로운 사실을 배우는 재미입니다. 과학의 사실과 이론에 인문학 이론을 비추어보는 즐거움도 얻곤 합니다. 예컨대 유전학 이론으로 권력형 범죄의 발생 과정을 설명한다든가 뇌 과학 이론으로 정치적 지역주의를 해석해 보는 겁니다. 아무 관련성 없이 나온 인문학의 질문과 과학적 발견을 연결해서 새 로운 아이디어를 떠올리면 지적 긴장감을 느낄 수 있습니다. 여러분도 해 보십시오. 생각보다 재미있을 겁니다.

민주시민이라…… 질문하신 분이 민주시민이라는 말에 어
떤 뜻을 담으셨는지 모르겠습니다만, 저 나름대로 해석해서 말
씀드려보겠습니다. 민주시민은 '생각과 이해관계가 다른 사람
들과 평화롭게 어울려 살아갈 줄 아는 사람'을 말합니다. 그런
데 이게 쉽지가 않습니다. 인류는 수십만 년 동안 그렇게 살지
않았거든요. 생각과 이해관계가 다르면 적대하고 싸우고 상대
방을 말살하려고 했습니다. 민주주의는 서유럽 선진국에서도
불과 몇 백 년 되지 않았지요. 우리나라는 겨우 몇 십 년 되지
않아서인지 이런 삶의 방식을 인정하지 않는 사람이 여전히 많
습니다. 너 어느 나라 사람이냐! 북한 가라! 그런 말을 입에 달
고 사는 분들 말입니다.

민주시민이 되려면 무엇보다 먼저 어울려 사는 법을 공부
해야 합니다. 이론은 오래전부터 정립되어 있지요. 대표적인

책이 존 스튜어트 밀(John Stuart Mill)의 『자유론』인데, 이 책을 모르는 분은 거의 없을 겁니다. 『자유론』이 국민 필독서가 된다면 우리나라 민주주의는 걱정할 필요가 없을 것이라고 저는 믿습니다.

물론 더 근본적인 문제도 공부할 필요가 있어요. 인간의 본성에 대한 공부입니다. 현생인류의 역사는 수십만 년 되었고 앞으로 얼마나 더 지속될지 모르겠습니다만, 개인은 기껏해야 백년 정도밖에 살지 못합니다. 우리는 백년 넘는 긴 시간의 변화를 잘 인식하지 못하죠. 그래서 다들 인간은 폭력적 본성을 지니고 있으며 세상은 갈수록 더 폭력적으로 변해간다고 개탄합니다. 만약 정말 그렇다면 호모 사피엔스는 구원받을 자격이 없는 종일 겁니다.

인간은 선한가 악한가? 인간의 폭력성은 문명과 과학기술이 발전하는 과정에서 감소했는가, 아니면 오히려 증가했는가? 실로 해묵은 쟁점입니다. 이런 문제에 대답하려면 데이터를 모아야 합니다. 각자 경험한 사실만으로는 대답할 수 없으니까요. 궁금한 분들은 스티븐 핑커(Steven Pinker)의 『우리 본성의 선한 천사』를 읽어보시기 바랍니다. 핑커 박사의 결론은 인류의 역사에서 폭력성이 감소해왔다는 겁니다. 영화나 소설,

만화에 등장하는 목가적인 원시시대 풍경은 환상일 뿐, 인간의 과거는 약탈, 강간, 전쟁, 학살로 점철되었습니다. 핑커 박사는 여러 고고학적 증거와 역사 자료를 동원해 현대의 데이터와 비교한 끝에 문명의 발전과 더불어 인간의 폭력성이 점진적으로 줄어들었다는 결론을 내렸어요. 우리 본성에는 흉악한 야수도 있지만 선한 천사도 있으며, 시간이 흐르고 문명이 발전할수록 선한 천사의 힘이 더 커진다는 이야기를 들으니 마음이 좀 놓이더군요.

확고한 신념을 가진 민주시민이 되고 싶다면 우리 본성의 선한 천사를 믿어야 합니다. 신경생리학자들은 그 천사가 우리의 대뇌피질 전체에 깔려 있는 '거울신경세포 시스템'이라고 합니다. 거울신경세포는 연민, 공감, 연대의식을 담당한다고 합니다. 문명이 발전해서 우리 본성의 선한 천사가 생긴 게 아니라 자연의 진화과정에서 인류가 획득한 거울신경세포가 문명을 만들어낸 것이라고 하니, 저는 거울신경세포에 관해 이야기하는 책을 읽으면서 혹시 인류가 스스로를 절멸의 위기에서 구해낼 능력이 있는 것 아닌가 하는 희망을 얻었습니다. 대답이 되었는지 모르겠네요.

공부한 대로 살아야겠다고 생각하지만

때로는 쉬운 길을 택하고 싶을 때가 있습니다.

그럴 때 무엇을 기준으로 결정을 내려야 할까요?

대답하기가 어려운 질문입니다. 살아가다보면 그런 상황을 피할 수가 없죠. 마음은 이쪽으로 가라고 하는데 몸이 묶여서 그쪽으로는 가기 어려울 때가 있어요. 그래서 가만히 있으면 편하긴 한데 마음이 어딘지 자꾸 불편해집니다. 용기를 내어 그쪽으로 가면 몸도 마음도 자꾸 고달파집니다. 그러면 '괜히 왔어' 하고 후회를 하게 되죠.

정답이 없습니다, 솔직히. 마음은 '왼쪽으로 가' 하면서 동시에 '그러면 고달파질걸. 그냥 여기 있으면 안 될까?' 그렇게 속삭여요. 둘 모두 내 마음입니다. 이런 '두 마음', 겪지 않고 사는 사람이 누가 있을까요? 모범답안이 없는 질문은 그냥 제 생각을 말씀드릴 수밖에 없습니다. 그래서 제 얘기를 해보겠습니다.

어렸을 때는 뭘 몰라서, 세상일과 내 일을 구별하지 않았어요. 그저 닥치는 대로 '인생 뭐 있어? 해야 되면 하는 거지!' 그렇게 살았죠. 그런데 나이를 먹어서 그런지, 이젠 그렇게 되지가 않네요. 기운도 떨어졌고 책임져야 할 일도 많아져서 그런 것인지도 모르죠. 이미 말씀드렸지만, 서너 해 전에 저는 훌륭한 인생보다는 내게 맞는 인생을 살자고 마음먹었습니다. 좋아하고 또 잘하기도 하는 일, 글 쓰는 직업으로 돌아왔죠.

지금은 조심스럽게 세상과 관계를 맺고 삽니다. 확실하게 책임질 수 있는 일이 아니면 되도록 끼어들지 않으려고 하는 것이지요. '이건 어쩔 수 없는 거야. 내가 언제까지 스무 살 청춘처럼 살 순 없잖아. 지랄 총량의 법칙이란 게 있다잖아. 젊었을 때 많이 했으니 나이 먹은 뒤에는 좀 쉬어도 되지 않을까. 젊을 때 안 했던 사람들한테 좀 하라 그래.' 이렇게 스스로 위로하면서요.

일, 놀이, 사랑과 같이 자기중심적인 활동만으로도 충분히 행복한 사람은 그렇게 살고, 그것만으로는 충분하지 않아서 타인을 위해서 자기의 사적 자원을 기꺼이 내주는 연대활동을 병행해야만 삶의 의미를 느끼는 사람은 그것도 하고, 크게 연대할 역량이 있으면 크게 연대하고, 작게 할 역량밖에 없으면 또 할 수 있는 만큼 작게 연대하고, 그렇게 살아가는 것 아닐까 생각합니다. 무엇을 어디까지 할지는 각자 판단할 수밖에 없어요.

주체 역량을 과대평가할 경우, 주관적 의도와 달리 감당할 수 없는 짐을 지고 큰 고통을 겪으면서 뜻하지 않게 민폐를 끼칠 수도 있습니다. 마음이 불편하지 않고 자신이 감당할 수 있는 범위까지! 이게 제가 그 질문에 대처하는 방식입니다. 꼭 하고 싶거나 해야만 한다고 믿는 일을 내가 처한 구체적인 조건과 상황을 고려해서 마음이 불편하지 않은 선까지 최선을 다해하며 사는 것, 이것이 제 인생론입니다. 저런 사람도 있구나, 참고만 하시기 바랍니다.

역사를 더듬다보면 특이한 사람을 많이 만날 수 있습니다. 그런 분들의 말이 더 좋은 대답일 수도 있을 것 같아서 소개해보겠습니다. 스웨덴 수상 중에 올로프 팔메(Olof Palme)라는 분이 있었습니다. 퇴근 후 가족과 함께 영화를 보고 돌아오다가 총에 맞고 돌아가셨어요. 저격범은 끝내 밝혀지지 않았죠. 그런데 다큐멘터리 영화에 그가 이렇게 말하는 장면이 있더군요. "이렇게 태어난 것도 운명인데, 인간으로서 최선을 다해 의미있게 살아야죠." 도대체 어떻게 태어났기에 그런 말을 했을까요? 그는 스웨덴에서 손꼽는 부잣집 아들이었습니다. 그런

데도 우파가 아니라 좌파 사민당의 리더가 되어 집권한 겁니다. 우리나라에서는 '강남 좌파'라고 하죠.

무척 인상 깊은 말이었습니다. 억만장자의 아들로 태어난 것은 그 자신의 선택이 아니었습니다. 좋든 싫든 거부할 수 없는 운명이었죠. '부러워할 만한 운명인데 웬 푸념이냐?' 그런 의문이 들지 않습니까? 그런데 올로프 팔메한테는 그게 문제였어요. 노동운동에 참여하고 좌파 정당 당원이 되었기 때문입니다. 만약 우파 정당에 들어갔다면 뭐, 별문제가 없었겠지만요. 팔메의 주체적 선택은 출생의 운명과 마찰을 일으켰습니다. 사람들이 빈정거렸을 거라는 건 짐작할 수 있죠? '당신 같은 부르주아가 노동운동을 하고 좌파 정당을 하다니, 혹시 고상한 취미활동 아닌가요?' 그는 실제로 그런 말을 들었다고 합니다.

부르주아의 자식으로 태어난 운명을 팔메는 받아들였습니다. 그리고 그 운명 속에서 의미있게 살려고 최선을 다했지요. 모든 부당한 특권에 반대했으며, 수상이 된 후에도 특권을 누리지 않았습니다. 시민들과 함께 줄을 서서 영화관 입장 순서를 기다릴 정도로 말입니다. 그런데 올로프 팔메는 왜 좌파가 되었을까요? 마음이 불편했기 때문은 아니었을까요? 부르주아의 아들로 태어난 운명을 받아들이고 편안하게 풍요를 누리면서 하고 싶은 일을 하며 살아가는 것이 마음을 불편하게 만들었다는 것이죠. 그런 불편함을 안고 살아가는 인생이 좋지 않다고 생각한다면 팔메와 같은 선택을 할 수 있다고 저는 믿습니다.

만족스럽지 않을지는 모르지만 올로프 팔메의 말이 괜찮은 대답이 될 수 있을 듯합니다. "이렇게 태어난 것도 운명인데, 인간으로서 최선을 다해 의미있게 살아야죠." 여러 가지를 생각하게 만드는 말입니다. 적절한 대답이 되었기를 바랍니다.

저는 남을 위로하는 데 소질이 없습니다. 남한테 위로를 받는 것도 어색하고요. 어쩐지 좀 간지럽거든요. 하지만 저와는 다르게 남을 잘 위로하는 사람이 있더군요. 위로를 받고 싶어 하는 사람은 너무나 많고요. 청년들을 위로하고 격려해달라는 강연 요청도 많이 들어오고, 개인적으로 위로를 청하는 이메일도 심심치 않게 받습니다. 제가 무슨 말이든 해줄 수 있는 경우도 있지만, 하소연하는 그 자체로 위로가 된다면서 하고 싶은 말을 다 쏟아놓는 경우도 있습니다. 그럴 때는 답장을 쓰지 않아요. 고민이 정확히 뭔지, 무엇에 관한 조언을 구하는지 확실한 때만 짧게라도 답을 보내죠.

하지만 그런 경우에도 내놓고 위로하지는 않습니다. 아주 건조하게 씁니다. '제 생각에 문제는 이런 것 같습니다.' '이런 것을 기준으로 결정할 수 있지 않을까요.' '참고가 되길 바랍니다.' 그 정도 이야기를 해서 보내죠. 위로라는 것은 친밀한 사이에서 오고가야 마땅한 거라고 봐요. 모르는 사람에게는 위로받기 어렵습니다. 위로란 감정의 교류가 가능한 사람들 사이에서 이루어질 수 있는 것이거든요. 질문하신 분은 어떠신지 모르겠지만, 저는 전혀 모르는 사람이 '너 참 힘들겠다. 기운 내!', 그렇게 말해준다고 해서 위로받는 느낌이 들지는 않습니다. 오히려 불편하죠. 하지만 서로 잘 알고 평소 교감하는 사람이 똑같은 말을 해주면 위로가 됩니다.

책은 다릅니다. 글쓴이와 친분이 전혀 없어도 상관없어요. 아까 말씀드렸잖아요. 유발 하라리 박사는 저를 모릅니다. 제가 『사피엔스』를 읽었는지, 읽으면서 얼마나 좋아했는지, 그 역시 전혀 모릅니다. 굴원이나 맹자는 이천년도 더 지난 옛날 사람이에요. 죽고 없습니다. 감정이입을 하고 위로를 받는 것은 다 저 혼자 하는 일입니다. 글쓴이가 텍스트에 담아놓은 감정과 생각을 발견하고, 나 혼자서 그걸 먹고 마시고 뱉고 하면서 스스로 위로하는 겁니다. 그들이 저를 위로해주는 게 아니라 제가 저 자신을 위로하는 것일 뿐이에요.

책에서 위로받고 싶다면 위로받을 준비를 하고 노력해야 합니다. 스스로 책에서 위로를 찾아내야 하기 때문에 준비가

된 사람만 위로받을 수 있어요. 준비가 안 되어 있으면 아무것
도 눈에 들어오지 않습니다. 제가 정치를 떠날 준비를 하고 있
었기 때문에 「어부사」가 눈에 들어온 거죠. 정치에 계속 미련
이 있고, 낙선한 게 분하고, 다음에는 꼭 당선되고야 말겠다는
야심을 품고 있었다면 그 문장이 보이지 않았을 겁니다. 그런
사람은 「어부사」가 아니라 『손자병법』을 읽어야 합니다. 다음
에 이렇게 하면 이길 수 있겠다, 그런 희망을 찾아 상처를 치유
하는 것이죠. 결국 책 속에서 위로를 발견하는 건 책을 읽는 사
람 자신이에요.

　야박하게 들릴지 모르겠지만, 진심을 말씀드립니다. 자주
위로받으려고 하지 마십시오. 함부로 남을 위로하려고 하지도
마시고요. 삶은 원래 고독한 것이고, 외로움은 살아가는 데 꼭
필요한 감정입니다. 견딜 만큼 견뎌보고, 도저히 혼자서 못 견뎌
낼 때 위로를 구하는 게 좋은데, 요즘은 다들 위로를 남발하는
경향이 있어요. 저는 그런 게 좀 못마땅합니다. 청년단체 같은
데서 강연 요청하면 꼭 '힘들게 사는 청년들에게 위로가 되는
말씀 부탁드립니다' 그러거든요. 그러면 저는 '죄송합니다. 강
연 못 합니다' 그래요. 남에게 위로를 구하기보다는 책과 더불
어 스스로 위로하는 능력을 기르는 쪽이 낫다고 저는 믿습니다.

작가님은 글도 잘 쓰시지만 뛰어난 달변가이기도 합니다.
어떻게 하면 말을 잘할 수 있을까요?

말 잘하는 사람 보면 부러우세요? 크게 부러워하진 마십시오. 뭐든 잘하면 좋다지만, 말은 잘한다고 해서 다 좋은 게 아니에요. 글은 잘 쓰면 무조건 좋은데, 말은 다릅니다. 말을 잘하는 것은 손잡이가 없는 양날 칼을 쥐는 것과 비슷합니다. 말 잘하는 사람은 부러움의 대상인 동시에 의심의 표적이거든요. '말을 잘한다'와 '말만 잘한다'는 그야말로 한끗 차이입니다. '말참 잘하네'와 '사기꾼 같아'를 이어붙이는 데 아무 어려움이 없습니다. 말을 잘하는 사람이 못된 짓도 잘해서 그런가봅니다.

어쨌든 질문을 하셨으니까, 못하는 것보다는 잘하는 게 낫다는 전제를 두고 말씀드리지요. 말과 글은 원래 같은 겁니다. 똑같은 내용을 소리로 표현하면 말이고 문자로 표현하면 글이니까요. 말이 글이고, 글이 말입니다. 본질은 같습니다. 그렇지만 표현 기술은 크게 다른 점이 있어요. 글은 퇴고(推敲)를 할 수 있지만 말은 그렇지 않습니다. 고위 공직자나 기업 경영자들은 원고를 미리 준비해서 행사장에서 읽는 경우가 많은데, 그건 사실 말하는 게 아니라 글을 읽는 겁니다.

퇴고를 할 수 없다는 말의 특성이 가장 잘 드러나는 곳은 생방송 토론입니다. 예상 쟁점에 대해서 미리 발언 원고를 준비해두었다고 해도 생방송 토론에서는 큰 쓸모가 없어요. 상대방의 말을 반박할지 여부를 일초 안에 결정해야 합니다. 반박할 경우에는 일단 발언권을 얻은 다음, 생각과 말을 동시에 해야 합니다. 발언 자료를 보려고 종이를 뒤적이다보면 상대방이 토론을 다른 데로 끌고 가버립니다. 그러면 서류 찾다가 헛물만 켜는 거죠. 그렇게 하면 백전백패입니다.

말재주, 글재주, 그런 말이 있죠? 그렇지만 글을 잘 쓰는 게 재주가 아닌 것처럼, 말을 잘하는 것도 단순한 재주가 아닙니다. 주어진 상황에서 특정한 주제에 대해서 조리있게 말을 하려면 평소 체계적·논리적으로 생각하는 습관을 익혀야 하고, 실제로 말을 많이 해보아야 합니다. 많이 쓰지 않으면 잘 쓰지 못하는 것처럼, 많이 말하지 않으면 잘 말하지 못합니다.

저는 원래 말이 많거나 말을 잘하는 소년이 아니었습니다. 대학 써클에서 말하고 글 쓰는 훈련을 했고, 이십대 내내 공개

·비공개 조직에서 수없이 많은 회의와 토론을 했습니다. 가지고 태어난 재능이 있는지는 모르겠지만 살면서 갈고닦은 기능이라는 것은 확실합니다. 조리있게 말로 생각과 감정을 표현하는 능력을 기르고 싶다면 일상생활에서 늘 그렇게 말하려고 노력해야 합니다. 다른 방법이 뭐가 있는지, 있다고 해도 그게 뭔지 저는 모릅니다. 다만 토론을 많이 하다보면 머릿속에 컴퓨터 디렉터리 비슷한 것이 만들어진다는 느낌이 생깁니다. 말을 잘하는 방법을 말로 설명하기가 참 어렵네요.

글쓰기와 비교하면 좀 나을지 모르겠습니다. 논리적인 내용을 주술관계가 맞는 문장으로 말하기는 쉽지 않습니다. 말을 잘하는 것 같아도, 녹취록을 만들어보면 주술관계가 어긋나는 곳이 많이 보입니다. 한 문장을 다 맺지 않은 채 다음 문장으로 넘어가는 것도 드러나고요. 들을 때는 말이 되는 것 같았는데도 글로 옮겨놓으면 논리적 모순이나 비약이 튀어나오기도 합니다. 피하기 어려운 말의 결점이라고 해야겠지요.

말을 정확하게 잘하는 것은, 글로 치면 초고를 완벽한 문장으로 쓰는 것과 같습니다. 습관을 들이지 않으면 불가능합니다. 글 쓰는 방식을 보면 작가는 두 가지 스타일로 나뉘는 것 같아요. 생각은 머릿속을 빠른 속도로 스쳐지나가기 때문에 빨리 아무렇게나 써서 일단 붙들어놓고, 그다음에 여유 있게 여러 번 손을 봐서 제대로 된 글을 만드는 분이 있습니다. 하지만 그와 달리 초고를 비교적 완전한 문장으로 쓰는 분도 있어요. 말을 잘하려면 그런 방식으로 해야 합니다. 글은 다듬어서 내보낼 기회가 있지만 말은 바로 내보내야 하니까요. 말은 초고 상태의 글을 발표하는 것과 같습니다. 글을 쓸 때 초고를 정확하게 쓰는 습관을 들이면 말을 정밀하게 하는 능력을 기르는 데 도움이 될 거라고 생각합니다.

물론 말하기 훈련도 필요하죠. 인간의 뇌는 반복되는 과제에 잘 대응하기 때문에 토론하는 기회를 많이 가져야 돼요. 대개 유럽 사람들이 우리나라 사람보다 훨씬 말을 잘해요. 어렸을 때부터 말을 할 기회가 많아서 그런 것 같습니다. 수업시간에도 말을 할 기회가 많습니다. 반면 우리나라는 학교 수업시간에 말하면 '떠들지 마' 그러잖아요. 선생님 혼자 말하고 학생들은 듣기만 해야 돼요. 뾰족하게 자기 의견을 말하면 험악한 반응이 돌아오기도 합니다. "쪼끄만 게 어디서 꼬박꼬박 말대꾸야!"

이렇게 살기 때문에 우리나라 사람들이 말을 어려워합니다. 그런 걸 독일 유학할 때 많이 느꼈어요. 수업시간에 독일 친구들 말하는 거 듣고 있으면 전부 A 플러스 받을 것 같았거든요. 그런데 시험 쳐보면 A에서 F까지 다 있어요. 반면에 한국 학생들은 말을 못해요. 세미나 시간마다 버벅대는데 시험은 엄청 잘 봅니다. 말보다 글이 상대적으로 낫다는 것이죠. 말할 기회가 없어서, 훈련을 충분히 하지 못해서 그런 겁니다. 유전자가 애초에 그럴 리는 없어요. 토론 클럽이나 독서 클럽에 참여해서 읽고 요약한 걸 발표하고 다른 사람 의견 듣고 자기 의견을 내는 훈련을 하면 도움이 됩니다. 무엇이든 하면 늘어요. 제가 국회에 오 년 있었는데, 처음에는 말이 시원치 않았던 초선 의원이 일 년도 지나지 않아 놀랄 정도로 말이 느는 것을 숱하게 보았답니다.

이런 정도로 대답을 마무리하면서, 다시 한번, 말 잘하는 것은 양날 칼과 비슷하니 너무 부러워하지 마시라는 말씀을 드립니다.

작가로서 글을 쓸 때
꼭 지켜야 할 원칙이 있을까요?

일반적인 원칙이 있는지는 모르겠습니다. 제가 몰라서 그
렇지, 작가라면 누구나 지켜야 할 도덕적·기술적 원칙이 있긴
있겠지요. 그런 것을 모르니까, 제가 글을 쓸 때 지키려고 노력
하는 원칙에 대해서만 말씀드리겠습니다.

작가는 저마다 스타일이 다릅니다. 저도 제 스타일이 있죠.
한마디로 말하면 '독자 친화적', 독자한테 친절하게 쓰는 유형
입니다. 제가 이런 스타일을 가지게 된 데는 두 가지 이유가 있
었지 않나 생각합니다. 저는 전두환 정부 시절 '불법 유인물'
을 만들면서 글쓰기를 익혔어요. 제 생각을 다 쓴 게 아니라 시
민들이 이해하고 공감할 수 있는 내용을 알기 쉽게 쓰려고 노
력했습니다. 그럴 수밖에 없었죠. 겨우겨우 돈을 만들어서 경
찰 몰래 만드는 유인물인데 시민들이 이해하지 못하거나 공감
하지 않는다면 다 헛일이 되니까요. 6월 민주항쟁으로 독재가

끝나고 민주화 시대가 열린 후에는 글쓰기가 생업이 되었어요. 다른 소득이 있었다면 모르겠지만 책을 팔아야 밥을 먹을 수 있으니까, 독자들이 쉽고 재미있게 읽을 수 있게 써야 했습니다. 이렇게 말하고 보니 어쩐지 조금은 비감해지는군요. 하지만 뭐, 밥을 먹으려고 글을 쓰는 게 나쁠 건 없다고 봅니다. 직업이니까요.

이 스타일을 유지하려면 몇 가지 원칙을 지켜야 합니다. 원칙이라는 말이 너무 거창한가요? 그렇다면 규칙이라고 하겠습니다. 첫째, 많은 독자가 관심을 가진 주제를 선택한다. 둘째, 전문지식이 없는 독자가 다른 정보를 찾지 않고도 텍스트를 이해할 수 있게 쓴다. 셋째, 지식과 정보를 전달하는 것보다는 정서적 공감을 일으키는 데 초점을 둔다. 넷째, 문장을 되도록 쉽고 간결하게 정돈한다.

가장 중요한 것은 두 번째 규칙입니다. 자세하게 말씀드리고 싶은데, 잘못하면 제 자랑을 하는 것으로 보일 수 있어서 망설여지네요. 괜찮을까요? 용기를 내서 해보겠습니다. 아주 오래전 일입니다. 『동아일보』에 매주 시사칼럼을 썼어요. 그때 담당 기자가 말하더군요. 열독률 조사를 했는데, 오피니언 페이지를 잘 읽지 않는 사십대 주부들이 제 칼럼은 잘 읽는다는 겁니다. 제 책은 인문서나 사회과학 분야에서는 제법 많이 읽히는 편입니다. 독자 서평을 보면 쉽고 재미있게 읽었다고 하는 경우가 많습니다. 읽기 쉽고 재미있는 책이 꼭 훌륭한 것은 아닙니다만, 저처럼 인세 수입으로 살아가는 사람은 독자들의 이런 반응을 반가워합니다.

작가는 책을 매개로 독자와 만납니다. 그런데 저자와 독자 사이에는 정보 격차가 있습니다. 그 책이 다루는 주제에 한정해보면, 저자는 독자보다 훨씬 많은 것을 정확하고 깊게 압니다. 하지만 자기가 아는 것을 모두 쓰지는 않아요. 압축, 요약, 생략하면서 중요하고 의미있는 것을 중심으로 쓰죠. 그래서 독자가 책 내용을 따라잡기 어려워집니다. 이해하기 어려우면 공감하기는 더 어렵죠. 저자와 독자의 정보 격차가 크면 클수록 책이 덜 읽힙니다. 따로 소득이 있는 대학교수는 이렇게 써도 됩니다. 전문성이 있는 '고급 독자'들만 읽어도 의미가 있으니까요. 하지만 저는 이렇게 하면 안 됩니다.

그래서 전문지식이 없는 독자라도 다른 자료를 찾아보지 않고 이해할 수 있도록 정보량을 조절합니다. 반드시 써야 하지만 독자들이 낯설어 할 전문용어는 적절한 설명을 붙입니다. 논리와 맥락을 이해하는 데 꼭 필요한 지식과 정보를 적당한

곳에 표나지 않게 덧붙여둡니다. 독자를 위한 서비스라고 생각하면서요. 그렇지만 이것이 뭐 그리 특별한 건 아닙니다. 누구나 다 아는 것이죠.

제 자랑을 한다는 오해를 받는 위험을 무릅쓰고 두 번째 규칙에 대해 상세하게 말씀드린 것은 여러분에게 참고가 될 수 있을 것 같아서입니다. 직장에서 보고서를 쓸 때는 누가 그 보고서를 읽는지 살펴서 그 사람의 정보 수준에 맞게 작성해야 좋은 평가를 받을 수 있어요. 신문기자도 기사를 쓸 때 그 이슈에 대한 평범한 독자들의 정보 수준을 잘 살펴야 합니다. 야구 동호회 게시판에 관전평을 쓸 때도 다른 회원들의 정보 수준에 맞추어야 하죠. 그래야 독자의 호감을 끌어낼 수 있습니다.

질문 취지에 맞게 답변을 드렸는지 확신이 서지는 않습니다. '작가로서 글을 쓸 때'라는 말을 '당신이 작가로서 글을 쓸 때'로 바꿔 대답한 겁니다. 다시 말씀드리지만, 모든 작가들이 지켜야 할 원칙이 있는지, 있다면 무엇인지 제가 아는 게 없어서 그렇게 했습니다. 너그럽게 헤아려주시기 바랍니다.

머리 아프게 하는 질문입니다. 기술의 발전? 맞아요. 확실한 발전이죠. 그런데 이게 어디까지 갈지 모르겠어요. 삼십년 전에는 인터넷이라는 말도 들어보지 못했고 스마트폰 같은 것은 상상도 못 했잖아요? 그러나 어쨌든 정보통신혁명은 이미 많은 것을 바꿔놓았습니다. 거기 적응하는 것만 해도 숨이 가쁜데, 이젠 인공지능혁명이 진행 중이라고 합니다. 다들 기대 반 두려움 반, 과학혁명이 우리의 삶을 어떻게 바꿀지 지켜보는 중이죠.

앞으로 공부하는 방법이 어떻게 달라질지 당연히 살펴보아야 하겠지만 더 급한 것은 이미 일어난 변화에 적응하는 문제라고 생각합니다. 독서와 글쓰기와 관련해서 가장 두드러진 변화는 책 말고도 정보를 얻을 곳이 생겼다는 겁니다. 인터넷, 포털, 검색엔진, 그런 것들입니다. 지식과 정보는 이제 희소한 자원이 아닙니다. 오히려 정보가 너무 많아서 정신을 차리기 어렵게 되었어요. 정보를 검색하고 수집하는 것은 특별한 능력이 필요 없는 활동입니다. 예전에는 그렇지 않았지만요. 지금 중요한 것은 홍수처럼 흘러넘치는 정보의 바다에서 필요한 정보, 적절한 정보를 찾고 활용하는 능력입니다. 그런 능력을 가지려면 우주와 지구와 생명과 인간과 자기 자신을 있는 그대로 이해하면서 의미있는 것과 그렇지 않은 것을 구별하는 눈을 기르고 스스로 의미있다고 여기는 삶을 살아갈 용기를 길러야 합니다.

어려운 이야기가 될 것 같아서 일상의 풍경을 끌어오겠습니다. 질문하신 분이 초봄을 맞아 전남 광양시 매화 축제에 간다고 하겠습니다. 가는 길에 꼭 해야 할 일이 있습니다. 맛집 검색입니다. 광양시뿐만 아니라 인근 하동군과 여수시 맛집까지 찾아봐야 하겠죠. 어디서? 포털에서 블로그 검색을 해야죠. '광양 맛집'으로 검색하면 수백 수천 건의 블로그 글이 뜹니다. 어디를 골라야 하나요? 목록 맨 위에 있는 곳에 간다고요? 실패할 가능성이 많습니다. 글이 가장 많은 집? 조금 낫네요. 방문자들이 남긴 댓글을 보면? 한결 낫습니다. 그렇지만 무엇보다 중요한 것은 식당들이 돈을 주어 올린 홍보용 블로그 글과

'순수한 맛집 탐방기'를 가려내는 능력입니다. 어떻게 구별하는지 한번 연구해보시기 바랍니다. 성공하면 행복한 한끼, 실패하면 열받는 한끼를 드시게 됩니다. 이런 것을 정보화시대의 생존 기술이라고 한다죠?

기술이 발전해도 공부의 본질과 목적은 변하지 않습니다. 그러나 방법은 크게 바뀝니다. 제러미 리프킨(Jeremy Rifkin)이 쓴 『공감의 시대』라는 책이 있습니다. 좀 어렵긴 한데, 그래도 읽을 만합니다. 21세기는 공감의 시대입니다. 남을 밟고 올라서는 능력은 경쟁력이 아닙니다. 남을 이해하고 남에게 공감하고 남의 공감을 이끌어내는 능력이 경쟁력입니다. 좋은 의미의 경쟁력이죠. 저는 과학혁명의 시대에는 더욱더 확실하게 공부의 본질을 붙들어야 한다고 믿습니다. 인간만 할 수 있다고 오랫동안 믿었던 지적 노동 가운데 많은 것을 인공지능이 대신하게 되겠지만, 공감하고 공감을 끌어내는 것은 그렇지 않기 때문입니다.

우리 아이들이 학교에서 하는 공부를 보고 있자면 속이 터집니다. 전자계산기와 컴퓨터의 등장이 예고된 상황에서 주산을 배우는 것과 같으니까요. 지식을 암기하고 정보를 수집, 분류, 교환하는 일은 이미 인공지능이 대신하기 시작했습니다.

인공지능은 날씨 예보, 주식시장 현황 보고, 운동경기 결과 보도, 병원 임상보고 결과 종합, 판례 수집과 검색, 동시통역 같은 일을 시작했습니다. 증권 애널리스트 기능도 일부 접수했습니다. 자동차 도로주행 연습도 합니다. 모든 질문에 사람처럼 즉각 대답하는 오픈AI도 나왔습니다. 그런데도 우리 아이들은 예전과 크게 다르지 않은 방식으로 공부하고 있어요.

과학혁명의 시대, 우리는 모든 것을 더욱 인간답게 만들어야 합니다. 독서도 글쓰기도, 그리고 그 모든 것을 포함한 공부도 스스로 인생을 설계하고 그 인생을 자신이 옳다고 믿는 방식으로 살아가는 사람이 되는 데 초점을 맞추어야 할 것입니다. 수학 점수, 영어 점수를 따는 공부가 아니라 자신을 알고 남을 이해하고 서로 공감하면서 공존하는 인간이 되는 데 도움이 되는 공부를 해야 한다는 것이죠.

암울한가요? 암울해도 어쩔 수 없습니다. 우리의 현실을 보면 그런 감정을 떨칠 수가 없으니까요.

올 것이 드디어 왔네요. 국회 용어로는 '의제 외 질문'! '공부와 독서, 글쓰기'를 주제로 이야기하는데 독서와 글쓰기 말고 다른 공부 방법을 알려달라니, 당황스럽네요. 하지만 이것은 정답이 있는 문제라서 저도 대답할 수 있습니다. 답을 아실 겁니다. 경험, 체험이죠.

경험은 가장 원초적인 공부법입니다. 원래 사람은 오감으로 체험하는 것을 무엇보다 확실하게 배웁니다. 체험보다 강력하고 효과 있는 공부 방법은 없습니다. 그렇지만 인생이 너무 짧고 세상은 너무 많은 얼굴이 있기에, 모든 것을 체험으로 공부할 수가 없을 뿐입니다. 그래서 간접 체험으로 배우는 것이죠. 독서가 제일 보편적인 간접 체험 방법입니다.

직접 체험은 예나 지금이나 빠뜨리면 안 될 공부법입니다. 기부와 연대의 즐거움을 이야기한 책을 읽는 것보다는 몸소 봉사활동을 하고 헌혈을 하고 기부를 해보는 게 낫습니다. 그게 얼마나 좋은지 몸으로 마음으로 느낄 수 있으니까요. 요즘 초중등학교나 대학에서 봉사활동을 하게 하는 게 바로 그 때문입니다. 소위 '극한 체험'을 하는 것도 공부법일 수는 있겠지만, 굳이 권할 생각은 없습니다.

고령의 시민들이 북한을 미워하는 것은 6·25전쟁 체험 때문입니다. 제가 독재를 혐오하는 것은 자기 생각을 말했다는 이유로 고문당하고 감옥에 갇혔던 경험 때문이지요. 남자들이 스트레스를 많이 받았을 때 군대에 다시 가는 악몽을 꾸는 것은 군복무 시절 체험이 남겨준 트라우마 때문입니다. 체험은 정말 강력한 공부법이에요.

독서와 글쓰기만으로 무언가 부족하다 싶으면 체험이라는 방법을 쓰시기 바랍니다. 공감하고 공감을 끌어내는 능력을 기르려면 자기 자신과 타인을 모두 잘 이해해야 합니다. 타인의 처지에 서서 세상사를 바라보는 경험이 필요해요. 페미니스트들은 남녀가 역할을 바꾸는 놀이를 성평등 교육 수단으로 활용합니다. 오해하실까봐 말씀드리면, 페미니스트는 '남자와 여자가 똑같이 존엄하다고 믿으며 그렇게 행동하는 사람'을 말합니다. 장애인 단체에서는 비장애인 장관과 국회의원들을 체험

행사에 초대해 검은 천으로 눈을 가리고 지팡이를 짚으며 계단을 오르내리고 거리를 걷게 합니다. 한번이라도 경험해보면 그 전과는 다른 눈으로 세상과 사람을 보게 되지요.

무엇을 체험할지는 각자 결정해야겠죠? 그게 무엇이든 평소 자신이 선 곳과는 다른 곳에서, 심지어는 반대편에서 살아가는 사람들의 생활을 체험하는 게 효과가 큽니다. 검사와 판사는 감옥 체험을 하는 게 좋고, 비장애인은 장애 체험을 하는 게 바람직합니다. 공무원이 민원인을 체험해보고, 재벌 3세가 법정 최저시급을 받고 일하는 알바 체험을 하면 그것도 괜찮겠죠.

질문하신 분은 어떤 체험을 하며 사셨는지 모르겠습니다만, 혹시 자녀 교육 때문에 질문하셨다면 학생부 기록을 의식하지 말고 자녀와 상의해서 다양한 삶을 체험할 기회를 주시라고 권합니다.

여러분 모두 책을 읽고 체험하고 글을 쓰고 공부하면서 자기 자신에게 의미있는 인생 만들어나가시기를 응원합니다.

기억하고 싶은 문장

공부는 독서와 글쓰기를
이어나가는 과정입니다.

독서와 글쓰기가 공부의 전부라는 건 아니에요. 직접 경험이나 영화

같은 다른 미디어를 통해서도 우리는 무엇인가 배우고 깨닫고 느낍니

다. 문자뿐만 아니라 그림, 영화, 노래를 비롯해 다른 방법으로도 생각

과 감정을 표현합니다. 그렇지만 공부 방법으로 따지면 책을 읽고 글

을 쓰는 것보다 나은 게 없어요.

공부는 독서와 글쓰기를
이어나가는 과정입니다.

글쓰기를 두려워하지 마십시오.

아는 게 많으면 글쓰기에 도움이 되지만 아는 게 많다고 해서 반드시
글을 잘 쓰는 건 아니에요. 아는 것이 적으면 불리하지만, 그렇다고
해도 글을 쓰지 못할 이유는 없습니다. 저마다의 수준에서 저마다의
스타일로 글을 쓸 수 있어요. 하루 한 문장이라도 꾸준히 쓴다면 말입
니다.

글쓰기를 두려워하지 마십시오.

우리는 모든 것을 더욱
인간답게 만들어야 합니다.

과학혁명의 시대에는 더욱 그렇습니다. 독서도 글쓰기도, 그리고 그
모든 것을 포함한 공부도 스스로 인생을 설계하고 그 인생을 자신이
옳다고 믿는 방식으로 살아가는 사람이 되는 데 초점을 맞추어야 할
것입니다. 수학 점수, 영어 점수를 따는 공부가 아니라 자신을 알고 남
을 이해하고 서로 공감하면서 공존하는 인간이 되는 데 도움이 되는
공부를 해야 한다는 것이죠.

우리는 모든 것을 더욱
인간답게 만들어야 합니다.

교양100그램 3

공감필법

초판 1쇄 발행 / 2016년 7월 15일
개정판 1쇄 발행 / 2024년 7월 12일
개정판 2쇄 발행 / 2024년 8월 13일

지은이 / 유시민
펴낸이 / 염종선
책임편집 / 김새롬
조판 / 황숙화
펴낸곳 / (주)창비
등록 / 1986년 8월 5일 제85호
주소 / 10881 경기도 파주시 회동길 184
전화 / 031-955-3333
팩시밀리 / 영업 031-955-3399 편집 031-955-3400
홈페이지 / www.changbi.com
전자우편 / human@changbi.com

ⓒ 유시민 2024
ISBN 978-89-364-8027-1 03300